Gemüse

aus dem Backofen

Gemüse
aus dem Backofen

EDITION XXL

Inhalt

Vorwort

Gehören Sie auch zu denjenigen, die ab und zu einmal auf Fleisch verzichten und dafür lieber eine schmackhafte Gemüsemahlzeit auftischen möchten? Oder ein Gericht, bei dem Fleisch oder Fisch nicht unbedingt die Hauptrolle spielen?

Dann finden Sie in diesem Buch eine breite Palette sorgfältig zusammengestellter und erprobter Rezeptvorschläge, in deren Mittelpunkt das Gemüse als vollwertiges Gericht steht. Es ist jedoch kein rein vegetarisches Kochbuch. Fleisch und Fisch in der Nebensache ergänzen hin und wieder die Gemüsegerichte. In einigen Rezepten werden auch Käse, Sahne oder andere Milchprodukte verwendet, die mit Gemüse ganz hervorragend harmonieren.

Ich bin sicher, dass Sie beim Nachkochen bzw. Backen sehr schnell erkennen werden, wie vielseitig Gemüse auf diese Art zuzubereiten ist und wie abwechslungsreich Sie Ihren Speiseplan damit gestalten können. So werden Sie und Ihre Familie des Gemüses bestimmt nicht überdrüssig.

In diesem Sinne wünsche ich Ihnen viel Spaß und gutes Gelingen beim „Gemüse backen" und guten Appetit.

Ihre
Ingrid Jettenberger

Über den Wert von Gemüse für unsere Gesundheit braucht man nicht mehr viele Worte zu verlieren. Vitamine, Mineralstoffe, Ballaststoffe, dies sind Begriffe, die uns beim Stichwort „Gemüse" sofort einfallen. Aber Gemüse ist nicht gleich Gemüse.

Die heute erhältlichen Erzeugnisse des Obst- und Gemüseanbaus sind überwiegend Produkte einer Landwirtschafts-Industrie. Aus Kostengründen werden schnell wachsende Sorten gezüchtet, die viel Wasser, aber wenig natürliche Mineralstoffe aufnehmen. Und oft genug schmecken sie auch so: wässrig und fad.

Von den EU-Behörden werden zwar Gesetze über das Schönheitsideal der Gurke erlassen. Länge und Krümmung der EU-Gurke sind genau vorgeschrieben. Aber finden Sie mal einen EU-Beamten, der sich wirklich ernsthaft um die Qualität aus Sicht des Konsumenten kümmern würde. Hier sind Sie als Verbraucher allein gelassen, aber auch gefordert. Unser allererster Tipp: Kaufen Sie Ihr Gemüse sorgfältig und qualitätsbewusst ein!

Achten Sie vor allem auf die Frische! Sie können sehr leicht frisches, knackiges Gemüse von weniger frischem, weich werdendem, ganz zu schweigen von welkendem Gemüse unterscheiden. Aber allein auf frisches Aussehen können Sie sich auch nicht verlassen: Chemisch oder radioaktiv behandeltes Obst und Gemüse bleibt manchmal wochenlang „frisch", auch wenn es vor dem Kauf schon eine Reise um die halbe Welt mitmachte. Ob es aber dann noch alle seine wertvollen Inhaltsstoffe besitzt, ist eine andere Frage.

Daher ein weiterer Tipp: Kaufen Sie vorzugsweise der Jahreszeit entsprechendes Gemüse. Wenn Sie einen eigenen Garten besitzen, wissen Sie, dass nichts besser schmeckt als Ihr selbst angebautes Gemüse. Nicht nur weil es Ihr Gemüse ist, sondern weil es in natürlichem Boden, in der Wärme der Sonnenstrahlen und ohne chemische Keule gewachsen ist. Dafür reifen Ihre Tomaten aber erst im Sommer und nicht schon im Februar. Mit anderen Worten: Sommer-Tomaten schmecken besser als Februar-Tomaten. Wenn bei den einzelnen Gemüsesorten eine „Hauptsaison" genannt ist, dann handelt es sich um die Erntezeit bei natürlichem Anbau in unseren Breitengraden.

Ein letzter Tipp: Kaufen Sie Ihr Gemüse nicht auf Vorrat, sondern nur in den Mengen, die Sie sofort verarbeiten können.

Auberginen

Hauptsaison: Mai bis Oktober

Die Aubergine stammt ursprünglich aus Italien und ist bei uns auch als Eierfrucht oder Eierpflanze bekannt. Die einzelne Frucht wiegt zwischen etwa 250 und 750 Gramm. In vollreifem Zustand hat sie eine dunkelviolette Schale und ein weißes Fruchtfleisch. Die kleinen Kerne im Fruchtfleisch sind ebenso wie die Schale essbar.

Die reife Aubergine hat einen leicht bitteren, aber keineswegs unangenehmen Geschmack. Wer es trotzdem nicht bitter mag, der kann die Bitterstoffe der Frucht entfernen. Dazu schneidet man die Frucht in ca. 1 cm dicke Längsstreifen und bestreut diese mit Salz. Nach ca. 15 Minuten hat das Salz die Bitterstoffe entzogen und kann abgespült werden.

Kauftipp: Achten Sie auf Früchte mit fester, glänzender Oberfläche. Nehmen Sie keine weichen oder runzeligen Auberginen.

Küchentipp: Auberginen lassen sich sehr gut kombinieren mit anderen Gemüsesorten, insbesondere mit Tomaten, Zucchini und Paprika. Sie passen auch sehr gut zu einem Hackfleischauflauf.

Gesundheitstipp: Auberginen sind reich an Ballaststoffen und Folsäure und sehr arm an Natrium.

Blumenkohl

Hauptsaison: Juni bis Ende Oktober

Was wir als Blumenkohl essen, ist die noch geschlossene, weiße Blüte der Kohlpflanze. Es ist eine besonders milde und bekömmliche Kohlart, die man unter anderem sehr gut roh, zum Beispiel als Salat, essen kann. Auch für Suppen ist Blumenkohl hervorragend geeignet, etwa als Alternative zu Spargelsuppe.

Kauftipp: Die grünen Blätter des Blumenkohls werden zwar in der Küche nicht verwendet; sie sollten aber als Zeichen für frischen Kohl schön knackig sein.

Küchentipp: Kochen Sie Blumenkohl nicht zu weich. Kurzes Garen oder Dämpfen reicht vollkommen aus. Wenn der Blumenkohl beim Servieren in seine Röschen zerfällt, ist er zu weich und schmeckt leicht breiig.

Gesundheitstipp: Wie alle Kohlarten fördert Blumenkohl den Stoffwechsel und stärkt die Abwehrkräfte.

Bohnen

Hauptsaison: Juli bis September

Die Bohnen stammen ursprünglich aus Amerika. Heute kennen wir viele verschiedene Sorten: Stangenbohnen, Brechbohnen, Wachsbohnen, Buschbohnen, um nur einige zu nennen. Geerntet bzw. verwendet wird entweder die ganze Bohne mit ihrer fleischigen Hülse und den unreifen, weichen Kernen, zum Beispiel als „Grüne Bohne", oder der reife, große Samen allein (Bohnenkerne).

Kauftipp: Frische Bohnen sind prall und knacken deutlich hörbar, wenn man sie bricht. Bohnen, die sich wie Gummi biegen lassen, wurden schon vor Tagen geerntet.

Küchentipp: Vielen Bohnensorten wurde der so genannte Bohnenfaden weggezüchtet, der vom Stielende zur Spitze hin wächst. Wenn dieser Faden noch vorhanden ist, sollte er abgezogen werden, weil er sonst beim Essen stört. Ebenso sind beim Putzen die kurzen Stiele zu entfernen.

Gesundheitstipp: Grüne Bohnen sind roh leicht giftig. Achten Sie darauf, dass Ihre Kinder nicht davon naschen.

Broccoli
Hauptsaison: November bis März

Broccoli stammt ursprünglich aus Asien, ist aber aus unseren Küchen, vor allem als Wintergemüse, seit Jahren nicht mehr wegzudenken. Er ist ein dem Blumenkohl sehr ähnliches Gemüse und bei vielen Gerichten – auch Suppen – eine Alternative zu ihm, zumal er mit seinem erfrischenden Grün Farbe auf den Teller bringt. Im Gegensatz zu Blumenkohl ist Broccoli roh nicht essbar.

Kauftipp: Beim Einkauf von Broccoli sollte man darauf ach-

ten, nur kräftig grüne Pflanzen auszuwählen, bei denen die Deckblätter straff und keinesfalls welk sind.

Küchentipp: Vor der Zubereitung sollte der Broccoli mehrmals gewaschen werden. Wie beim Blumenkohl sind kurze Garzeiten anzustreben. Dann sollten aber die dickeren Stiele geschält und eventuell vorab, das heißt, ca. 6 Min. länger als die Blüten gegart werden.

Gesundheitstipp: Neben zahlreichen Vitaminen enthält Broccoli viel Kalium, Calcium und Magnesium, also wichtige Aufbaustoffe.

Erbsen
Hauptsaison: Juni bis August

Erbsen sind ein äußerst beliebtes Gemüse. Am allerbesten, oft angenehm süßlich, schmecken Erbsen erntefrisch aus der Hülse gebrochen. Wenn Sie das frische Sommergemüse in den Marktständen liegen sehen, sollten Sie unbedingt zugreifen. Frische Erbsen lassen sich auch hervorragend einfrieren (natürlich ohne Hülse!). Getrocknete Erbsen sind das ganze Jahr über erhältlich und nahezu unbegrenzt lagerfähig.

Kauftipp: Achten Sie beim Einkaufen der frischen Ware darauf, dass die Schoten eine leuchtend grüne Farbe haben und nicht gelblich verfärbt sind. Wenn Sie keine frischen Erbsen kaufen können, nehmen Sie tiefgefrorene! Diese sind in jedem Fall besser und schmackhafter als Erbsen aus der Dose.

Küchentipp: Um Erbsen für kurze Zeit frisch zu halten, wickeln Sie die Schoten in ein feuchtes Tuch und lagern sie im Gemüsefach Ihres Kühlschranks. Lösen Sie die Erbsen erst unmittelbar vor der Verarbeitung aus den Schoten, damit das frische Aroma nicht vorzeitig verloren geht.

Gesundheitstipp: Neben allen anderen guten Eigenschaften des Gemüses sind Erbsen reich an Eiweiß.

Fenchel

Hauptsaison: Juli bis November

Die Fenchelknolle, deren zwiebelartiger Stiel aus einzelnen, dicht angeordneten, gerippten Schalenblättern besteht, stammt aus Italien. Zum Verzehr geeignet sind die Knolle, also der verdickte Stiel, sowie die feinen, von den Rippen gelösten Blätter. Nicht essbar dagegen sind die langen Stiele der Fenchelknolle. Der intensive, typische Fenchel-Geschmack wird mit dem Backen etwas gemildert.

Kauftipp: Frischen Fenchel erkennen Sie an der weißen oder hellgrünen Knolle. Außenblätter, die sich schon bräunlich färben, sind überaltert.

Küchentipp: Küchenfertig zerkleinerter Fenchel läuft relativ schnell dunkel an. Verhindern Sie die Färbung, indem Sie den Fenchel mit Zitronensaft beträufeln. Zitronensaft ist ohnehin eine sehr gut geeignete Würze für Fenchel.

Gurken

Hauptsaison: Juli bis September

Die Gurke wird heute überwiegend im Gewächshaus gezüchtet, ist also ganzjährig verfügbar. Den besseren Geschmack haben allerdings die im Freiland angebauten Salatgurken. Wenn Sie das Glück haben, Freilandgurken kaufen zu können, sollten Sie die Gurke mit der Schale verwenden. Dann natürlich gut waschen!

Kauftipp: Wenn Gurken weiche Stellen aufweisen, droht baldige Fäulnis. Ein gelblicher Farbstich der (festen!) Schale ist akzeptabel. Er zeugt von hoher Reife und kräftigem Gurkenaroma.

Küchentipp: Gurken entwickeln leicht Bitterstoffe, und zwar ausgehend vom Stielende. Testen Sie vor dem Schälen den Geschmack der Gurke und schneiden Sie, am Stielende beginnend, so viel ab, bis der Bittergeschmack weitgehend verschwunden ist.

Gesundheitstipp: Gurken sind extrem kalorienarm und auch sehr natriumarm.

Karotten

Hauptsaison: Juni bis September

Karotten haben verschiedene alternative

Bezeichnungen – Möhren, gelbe Rüben, Mohrrüben – und unterschiedlichen Wuchs, von klein und kugelförmig bis groß und lang gestreckt, mit spitzen oder stumpfen Enden. Die kleinen Sorten sind häufig zarter und schmackhafter als die großen und auch als Rohkost ein Genuss.

Kauftipp: Achten Sie beim Kauf auf frisches Blattgrün.

Küchentipp: Ältere Karotten sollten geschält oder geschabt werden, junge braucht man nur kalt zu waschen.

Gesundheitstipp: Dass Karotten die Sehkraft fördern, ist weithin bekannt. Damit dies so ist, sollten Karotten immer zusammen mit ausreichend Fett verzehrt werden. Die Vitamine der Karotten gehören zur Gruppe der fettlöslichen Vitamine und können vom Körper nur in Verbindung mit Fett, zum Beispiel Butter, aufgenommen werden.

Kartoffeln

Hauptsaison: Juni bis September

Es ist müßig, die vielen, regional unterschiedlichen Kartoffelsorten aufzählen zu wollen. Wichtig ist es aber, beim Kauf zwischen fest kochenden und mehligen Sorten zu unterscheiden. Die fest kochenden Sorten sind vorzugsweise geeignet als Salatkartoffeln, Pellkartoffeln oder für Aufläufe. Die mehligen Sorten verwendet man dagegen als Salzkartoffeln für Soßengerichte oder zur Weiterverarbeitung zu rohen oder gekochten Klößen oder zu Püree.

Kauftipp: Kartoffeln dürfen keine grünen Stellen aufweisen. Keimansätze sind ein Zeichen für zu lange und unsachgemäße Lagerung.

Küchentipp: Verwenden Sie für eine Zubereitung Kartoffeln gleicher Größe, um eine einheitliche Garzeit zu erreichen.

Gesundheitstipp: Kartoffeln sind reich an Kohlenhydraten, den Energiespendern für Körper und Geist.

Kohlrabi

Hauptsaison: Juni bis Oktober

Die Knollen der Kohlrabipflanze treten in zwei verschiedenen Farben auf: Hellgrün oder Violett. Abgesehen von der Farbe bestehen jedoch keinerlei Unterschiede. Junge Knollen sind auch roh eine Köstlichkeit. Ältere Knollen bekommen leicht eine holzige Haut, die abgeschält werden muss.

Kauftipp: Kaufen Sie nicht zu große Knollen, es sei denn, Sie wollen sie aushöhlen wie in einem der Rezepte in diesem Buch.

Küchentipp: Es wäre geradezu eine Sünde, die frischen, nährstoffreichen und wohlschmeckenden Kohlrabiblätter nicht mit zu verwenden. Klein geschnitten dem Gericht zugegeben verstärken sie den guten Kohlrabigeschmack.

Lauch
Hauptsaison: Mai bis Dezember

Lauch, auch Porree genannt, ist ein Zwiebelgewächs, besitzt aber keine Knolle. Mit seinem milden Geschmack und seiner appetitlichen weiß-grünen Farbe ist er eine beliebte Beigabe zu vielen Gerichten. Der im Sommer erhältliche Lauch (Sommerlauch) ist feiner und zarter als der herbere Winterlauch, von dem man nur die weißen Wurzelstücke verwenden sollte.

Kauftipp: Kalkulieren Sie beim Kaufen etwa ein Drittel Abfall mit ein.

Küchentipp: Entfernen Sie großzügig die nicht mehr ganz frischen äußeren Blätter, bei Winterlauch sogar alle Blätter.

Mais
Hauptsaison: September bis Oktober

Der für Speisen verwendete Zuckermais kommt aus Amerika zu uns, und zwar in Dosen oder tiefgefroren. Bei uns wird nur Futtermais angebaut, der mit dem richtigen Reifegrad allerdings auch köstlich sein kann, zum Beispiel roh oder als gegrillter Maiskolben.

Gesundheitstipp: Mais ist sehr reich an Kohlenhydraten („Kraftfutter") und Mineralstoffen, ein Energieträger ersten Ranges.

Mangold
Hauptsaison: Juli bis September

Mangold ist ein dem Spinat ziemlich ähnliches Blattgemüse. Er hat jedoch einen deutlich herberen – aber sehr angenehmen – Geschmack. Die meisten Spinatrezepte eignen sich auch für Mangold, wobei Mangold die herzhaftere, deftigere Variante ergibt, während Spinat das zartere, feinere Gemüse darstellt.

Kauftipp: Mangold sollte nur erntefrisch gekauft werden.

Küchentipp: Die Stiele und die Rippen müssen länger als die Blätter gegart werden. Es empfiehlt sich, die feinen Blätter erst in den letzten fünf Minuten der Garzeit zuzugeben.

Gesundheitstipp: Mangold ist reich an Eisen und Ballaststoffen und arm an Kalorieren.

Paprika
Hauptsaison: Juli bis November

Die drei Farben der Paprikaschote sind wohl jedem bekannt: Grün, Gelb und Rot. Dabei ist Grün die Farbe der unreifen Schote, die sich sehr gut zum Füllen eignet („Gefüllte Paprikaschote"). Aromatischer sind die reifen roten und gelben Schoten, die auch schon roh hervorragend, oft leicht süßlich schmecken.

Kauftipp: Achten Sie auf eine straffe, glänzende Haut. Schoten mit runzeliger Haut lagern schon zu lange.

Küchentipp: Wenn Sie die Haut ablösen wollen, legen Sie die Schoten kurz in kochendes Wasser und schrecken Sie sie kalt ab. Dann können Sie die Haut leicht abziehen.

Gesundheitstipp: Paprikaschoten sind sehr reich an Vitaminen.

Rhabarber
Hauptsaison: Mai bis Juni

Der Rhabarber stammt ursprünglich aus Asien und ist ein Knöterichgewächs mit großen Blättern. Die Wurzeln liefern im medizinischen Bereich Grundstoffe für Abführpillen und Blutreinigungsmittel. In der Küche werden nur die roten Blattstiele verwendet. Ihre aromatische, aber intensive Säure verlangt meistens nach sehr viel Zucker.

Kauftipp: Welke, fleckige Blätter deuten auf alten oder nicht mehr frischen Rhabarber hin.

Küchentipp: Verwenden Sie nur die roten Stielbereiche, keinesfalls aber die Wurzelansätze. Schälen Sie die Stiele gut, um sie von den äußeren, harten Fasern zu befreien.

Rosenkohl
Hauptsaison: September bis Februar

Der Rosenkohl hat seinen Namen von den kleinen grünen Kohlköpfchen, den so genannten Röschen. Er ist ein typisches Wintergemüse, das hervorragend zu deftigen Speisen passt. Unzerteilt serviert bieten die kleinen Kohlköpfe auch etwas fürs Auge.

Kauftipp: Frischer Rosenkohl hat feste, sattgrüne Außenblätter, die eng am Köpfchen anliegen. Alte Blätter werden gelb und lösen sich vom Kopf.

Küchentipp: Garen Sie die Röschen nicht zu lange, damit sie ihren „Biss" behalten.

Sauerkraut
Hauptsaison: ganzjährig

Sauerkraut wird aus gehobeltem Weißkohl hergestellt, den man unter Zugabe von Salz bzw. Wein gären lässt. Der im Kraut enthaltene Zucker wird dadurch in Milchsäure umgewandelt, was zum typischen Sauerkrautgeschmack führt. Wegen seiner guten Lagerfähigkeit ist Sauerkraut das ganze Jahr über erhältlich.

Kauftipp: Heute kauft man Sauerkraut überwiegend in Dosen. Die Bezeichnungen „Wein"-Sauerkraut, „Champagner"-Kraut usw. verweisen

auf die Zugaben beim Gären und sind mehr Geschmackssache als Qualitätsmerkmal.

Gesundheitstipp: Sauerkraut ist außerordentlich nährstoffreich und regt den Stoffwechsel an. Zudem ist es sehr kalorienarm.

Sellerie

Hauptsaison: August bis Dezember

Sellerie kommt als Stauden-, Stangen- oder Knollensellerie vor. Wegen seines intensiven Geschmacks wird er vor allem auch als Gewürz verwendet, zum Beispiel im „Suppengrün". Die dickeren Stangen können, wenn die Längsfäden entfernt wurden, auch gegart werden. Die mit dem Wiegemesser zerkleinerten Blätter werden zum Würzen der fertigen Gerichte verwendet.

Spargel

Hauptsaison: April bis Juni

Spargel gilt wegen seines aufwändigen Anbaus als teures Edelgemüse. Geerntet werden die Sprossen der Pflanze, wenn ihre Spitzen gerade den Boden durchstoßen. Solange der wachsende Spargel nicht ans Tageslicht kommt, ist er weiß. Im Sonnenlicht färbt er sich grün. Grüner Spargel hat noch mehr Aroma und enthält mehr Vitamine und Nährstoffe als weißer.

Kauftipp: Spargel verliert mit zunehmender Lagerzeit sehr schnell an Qualität. Deshalb sollte er tagesfrisch verarbeitet werden.

Küchentipp: Spargel muss immer geschält werden. Aber die Schalen können sehr gut noch für eine Spargelsuppe verwendet werden.

Spinat

Hauptsaison: Mai bis November

Spinat ist ein sehr vitamin- und mineralstoffreiches Blattgemüse, das ab dem Frühsommer geerntet werden kann. Der Sommerspinat ist außerordentlich zart und wird als „Blattspinat" nur ganz kurz gedünstet. Er kann sogar roh gegessen werden. Der im Freiland überwinternde Spinat ist etwas derber und von kräftigerem Aroma. Er wird häufig gehackt bzw. püriert.

Küchentipp: Einmal gegarter Spinat darf niemals aufgewärmt werden, da sich dabei gesundheitsschädliches Nitrit bilden kann.

Tomaten

Hauptsaison: Juli bis September

-Tomaten werden in einer fast unüberschaubaren Anzahl von Sorten gezüchtet. Als ehemals tropische Pflanzen brauchen sie sehr viel Sonne zum Reifen und schmecken daher im sonnigen Freiland gewachsen am besten. Tomaten mit Zwiebelringen, italienischen Kräutern, Olivenöl, Mozzarella und etwas Balsamico sind ein herrliches Sommergericht.

Kauftipp: Die Wahl der richtigen Tomate ist im wahrsten Sinne des Wortes eine Geschmacksfrage. Der äußeren Form sehen Sie den Geschmack nicht an.

Küchentipp: Entfernen Sie Stiele und grüne Stellen, da diese schwer verdaulich bis ungenießbar sind.

Zucchini
Hauptsaison: Mai bis Oktober

Zucchini sind unserer Salatgurke sehr ähnlich. Ihre grüne Schale kann manchmal gelbe Streifen aufweisen, was aber nichts über die Qualität der Frucht aussagt. Die Zucchini sind etwas fleischiger als Gurken und im Geschmack eher neutral. Die Schale wird immer mitgegessen.

Kauftipp: Der Fruchtkörper sollte fest sein und sich nicht leicht eindrücken lassen.

Küchentipp: Zucchini lassen sich sehr gut in

Scheiben schneiden, panieren und dann grillen oder braten.

Zwiebeln
Hauptsaison: ganzjährig

Zwiebeln gibt es in vielerlei Arten, die sich in Größe, Form, Farbe und Geschmack unterscheiden. Bei uns wird die Zwiebel mehr als Gewürz, das viele Gerichte verfeinert, und weniger als Gemüse verwendet. Die Gemüsezwiebel ist eine größere, fleischige und sehr milde Knolle, die gut zum Füllen geeignet ist, ohne die Füllung geschmacklich zu übertönen.

Kauftipp: Weiche Stellen an einer Zwiebel deuten auf baldige Fäulnis hin. Triebansätze, gar schon mit grünen Spitzen, sind ein Zeichen für austrocknende Zwiebeln, deren Saft sich schon im Trieb sammelt.

Einige Ratschläge zum Teig

Mürbeteig

Der Mürbeteig ist der vielleicht am häufigsten zubereitete Teig, der sehr vielen Kuchenarten zugrunde liegt. Er besitzt nur wenige Grundzutaten, nämlich Mehl, Fett, Zucker und (nicht immer) Ei, die durch Variation im Mengenverhältnis ganz unterschiedliche Ergebnisse liefern. So ergibt eine Prise Salz anstelle des Zuckers einen Mürbeteig, der für pikante Gerichte sehr gut geeignet ist.

Allen Mürbeteig-Varianten gemeinsam ist, dass die Zutaten für den Teig gut gekühlt sein sollten. Sogar Ihre Hände sollten Sie vor Arbeitsbeginn abkühlen. Desgleichen sollte in allen Fällen das Mehl gut gesiebt werden, um zum einen Klumpenbildung zu vermeiden und zum anderen Luft unterzumischen, die den Teig locker macht.

Grundrezept für Mürbeteig
250 g Mehl, 1 Prise Salz
80 g Zucker, 1 Ei
1 Päckchen geriebene Zitronenschale
(oder abgeriebene Schale einer halben
unbehandelten Zitrone), 150 g Butter

1. Das Mehl auf die Arbeitsfläche sieben und mit einer Prise Salz vermischen. Zucker, das Päckchen Zitronenschalenextrakt, das Ei und noch einige Butterflocken dazugeben.

2. Das Ganze blasenfrei zu einem Teig kneten, bis sich das Mehl vollkommen vermengt hat.

3. In einer geschlossenen Plastikschüssel für gut eine halbe Stunde in den Kühlschrank stellen.

4. Nach dem Abkühlen kneten Sie den Teig nochmals kurz durch und rollen ihn anschließend auf einer bemehlten Arbeitsfläche aus. Dann legen Sie Ihre Springform damit aus. Am Rand formen Sie den Teig ca. 4 cm hoch. Nun stechen Sie mithilfe einer Gabel den Teig mehrmals ein.

Hefeteig

Nicht wenige, auch ansonsten sehr gute Hausfrauen und Hobbyköche machen um Hefeteig-Rezepte einen großen Bogen. Dabei ist die Zubereitung von Hefeteig gar nicht so schwierig, wie viele befürchten. Man muss nur dafür sorgen, dass die Hefe ihre im wahrsten Sinne des Wortes treibende Kraft voll entfalten kann. Letztere besteht in der Fähigkeit der Hefe, Kohlensäure bzw. Kohlendioxid zu produzieren, die als Treibgase wirken und den Teig auf ein Mehrfaches seines ursprünglichen Volumens „aufgehen" lassen. Was können Sie dazu beitragen?

Zuallererst benötigen Sie wirklich frische Hefe. Frische Hefe erkennen Sie an der festen, glatten Oberfläche. Hefe mit dunklen Rändern oder gar Rissen ist nicht mehr frisch und hat einen Teil ihrer Treibkraft verloren. Und hier ein Geheimtipp: Die absolut beste Hefe bekommen Sie beim Bäcker, der selbst Hefeteig zubereitet. Sie werden die Hefe aber nicht bei ihm im Angebot finden, sondern Sie müssen ausdrücklich danach fragen.

Sehr wichtig für das Gelingen eines Hefeteigs ist die „Arbeitstemperatur" der Hefe, die bei etwa 35 bis 37° C liegen sollte. Da dies unserer Körperwärme entspricht, kann die Temperatur sehr leicht kontrolliert werden. Alle Zutaten und Arbeitsgeräte sollten diese Temperatur einhalten. Also denken Sie daran, die Zutaten rechtzeitig aus dem Kühlschrank zu nehmen bzw. leicht zu erwärmen.

Grundrezept für Hefeteig

250 ml lauwarme Milch
42 g frische Hefe, 1 EL Zucker
500 g Mehl, 100 g Butter
75-100 g Zucker, 1 Prise Salz

1. Das Mehl in eine Schüssel sieben. Eine Mulde formen und die Hefe einbröckeln. 1/8 l leicht angewärmte Milch (nicht zu heiß) vorsichtig eingießen und 1 EL Zucker darüber streuen. Mit dem Kochlöffel leicht einrühren.

2. Die Mulde mit etwas Mehl vom Rand bedecken. Die Butter in Flocken darüber geben und 15-20 Min., abgedeckt mit einem Küchentuch, an einer warmen Stelle gehen lassen.

3. Die restliche Milch mit Zucker und Salz unterheben und zu einem glatten Teig schlagen. Erneut 30 Minuten gehen lassen.

4. Den Teig nochmals kräftig auf bemehlter Arbeitsfläche kneten und weitere 15 Minuten vor der Weiterverarbeitung gehen lassen.

Quark-Öl-Teig

Der Quark-Öl-Teig ist ein sehr einfach herzustellender Teig, der aber je nach verwendetem Quark unterschiedliche Qualitäten ermöglicht. Kalorienarmer Magerquark lässt den Teig locker und leicht bekömmlich werden. Quark mit hohem Fettgehalt hält den gebackenen Teig saftig. Für welche Teigvariante Sie sich auch immer entscheiden: Das Mischungsverhältnis Mehl/Quark sollte immer so gewählt werden, dass der Teig elastisch ist, aber nicht klebt. Durch Zugabe von etwas Milch können Sie den Teig noch beeinflussen.

Grundrezept für Quark-Öl-Teig

125 g Magerquark, 50 ml Milch
50 ml Sonnenblumenöl, 2 Eier
1 Prise Salz, 250 g Mehl
1 Päckchen Backpulver

1. Den Quark mit der Milch verrühren, anschließend das Öl, nach und nach die Eier und etwas Salz hinzugeben. Am Ende das Backpulver mit der halben Mehlmenge darüber sieben.

2. Das restliche Mehl zugeben und kräftig durchkneten.

3. Die Arbeitsfläche bemehlen und den Teig ausrollen.

Blätterteig

Die Zeit für das Zubereiten von Blätterteig sollten Sie sich sparen.

Unser Tipp: Verwenden Sie tiefgefrorenen oder auch frischen Blätterteig aus dem Kühlregal, der qualitativ dem selbst hergestellten in nichts nachsteht!

Zutaten für 4 Personen

400 g Broccoli
400 g Möhren
300 g Lauch (ca. 3 Stangen)
500 g Schweinefilet
250 g Crème fraîche
50 g geriebener Greyerzer Käse
5 EL Milch
Öl zum Anbraten der Filets
Senf
Salz
Pfeffer

Zubereitung:

1. Filet waschen und gut trockentupfen, mit einem scharfen Messer in ca. 1 cm dünne Scheiben schneiden. Damit das Anbraten im nächsten Schritt gut gelingt, darauf achten, dass die Scheiben möglichst gleich dick ausfallen.

2. Die Filets beidseitig mit Senf bestreichen und in der erhitzten Pfanne oder auf dem Raclette-Grill kurz, aber scharf anbraten. Mit Salz und Pfeffer leicht würzen.

3. Die Möhren in dünne, den Lauch in dickere Scheiben schneiden und den Broccoli in Röschen zerteilen.

4. Alle Gemüse getrennt etwa 3 bis 5 Minuten in kochendem Salzwasser garen, dann abschrecken und abtropfen lassen.

5. In einer feuerfesten Auflaufform, die mit Öl oder Margarine ausgefettet sein sollte, werden die angebratenen Filets und die Gemüse nebeneinander ange-

ordnet, wobei Sie Ihrer Fantasie freien Lauf lassen können.

6. Aus Crème fraîche, Milch und Käse sowie Salz und Pfeffer wird eine würzige Soße gerührt, die über das Gemüse mit Filet gegossen wird. Das Ganze kommt dann in den auf 200° C vorgeheizten Backofen und wird ca. 25 Minuten überbacken.

Vorbereitungszeit:	45 Minuten
Backzeit:	25 Minuten
Kalorien pro Portion:	310 kcal

Unser Tipp: Als Beilage können Sie gekochte oder gebratene Kartoffeln servieren. Aber kein Gast wird es Ihnen übel nehmen, wenn Sie ihm – anstatt einer Beilage – eine doppelte Portion dieses herrlichen Gerichts auftischen.

Schweinefilet in Gemüse

Zutaten für 4 Personen

800 g kleine Karotten
20 g Butter
1/2 TL Zucker
Salz
weißer Pfeffer
4 EL Weißwein
8 EL süße Sahne
300 g Champignons
1 Bund Petersilie
150 g mittelalter Gouda
125 ml Gemüsebrühe

Zubereitung:

1. Den Backofen auf 200° C vorheizen.

2. Die Karotten waschen, putzen und der Länge nach vierteln.

3. Die Karottenviertel zuckern und 2 Minuten in Butter andünsten. Anschließend salzen und pfeffern, mit etwas Weißwein und 4 EL süßer Sahne verfeinern. Das Ganze weitere 8 Minuten dünsten.

4. In der Zwischenzeit die Champignons putzen und gleichmäßig in dünne Scheiben schneiden. Die Hälfte der Petersilie fein hacken. Den Käse in kleine Würfel schneiden.

5. Eine feuerfeste Form mit Butter ausstreichen. Die Karotten, die Champignons und die gehackte Petersilie in die Form schichten. Ein paar Esslöffel Gemüsebrühe und Käse darüber geben. Zum Schluss die restliche Sahne darüber träufeln.

6. Das Möhren-Gratin ca. 15 Minuten überbacken. Vor dem Servieren mit Petersilie garnieren.

Vorbereitungszeit:	15 Minuten
Backzeit:	15 Minuten
Kalorien pro Portion:	180 kcal

Unser Tipp:
Pilze sollten Sie
immer erst waschen
und dann schneiden.
Andernfalls verlieren sie
beim Waschen zu viel Aroma.

24

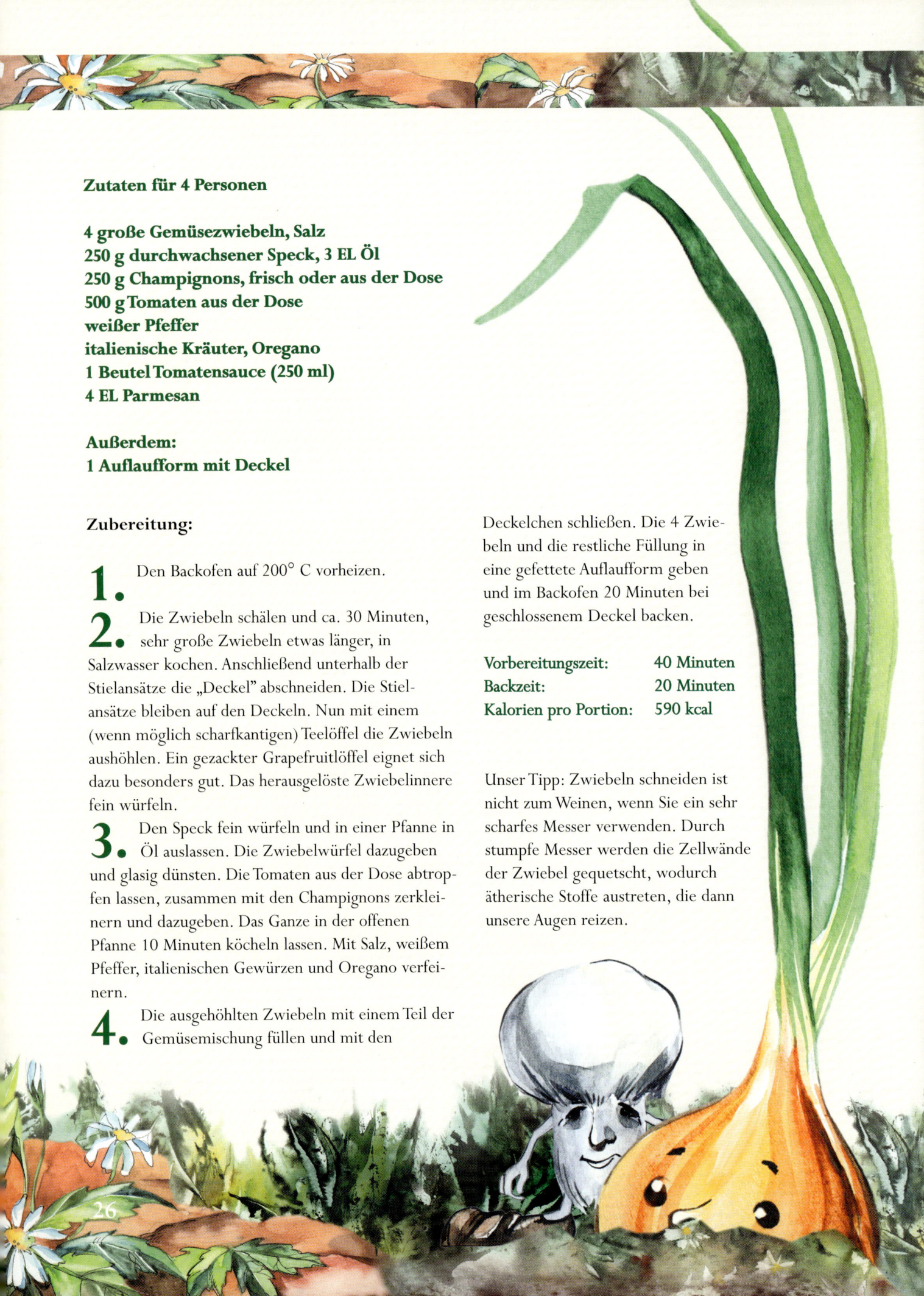

Zutaten für 4 Personen

4 große Gemüsezwiebeln, Salz
250 g durchwachsener Speck, 3 EL Öl
250 g Champignons, frisch oder aus der Dose
500 g Tomaten aus der Dose
weißer Pfeffer
italienische Kräuter, Oregano
1 Beutel Tomatensauce (250 ml)
4 EL Parmesan

Außerdem:
1 Auflaufform mit Deckel

Zubereitung:

1. Den Backofen auf 200° C vorheizen.

2. Die Zwiebeln schälen und ca. 30 Minuten, sehr große Zwiebeln etwas länger, in Salzwasser kochen. Anschließend unterhalb der Stielansätze die „Deckel" abschneiden. Die Stielansätze bleiben auf den Deckeln. Nun mit einem (wenn möglich scharfkantigen) Teelöffel die Zwiebeln aushöhlen. Ein gezackter Grapefruitlöffel eignet sich dazu besonders gut. Das herausgelöste Zwiebelinnere fein würfeln.

3. Den Speck fein würfeln und in einer Pfanne in Öl auslassen. Die Zwiebelwürfel dazugeben und glasig dünsten. Die Tomaten aus der Dose abtropfen lassen, zusammen mit den Champignons zerkleinern und dazugeben. Das Ganze in der offenen Pfanne 10 Minuten köcheln lassen. Mit Salz, weißem Pfeffer, italienischen Gewürzen und Oregano verfeinern.

4. Die ausgehöhlten Zwiebeln mit einem Teil der Gemüsemischung füllen und mit den

Deckelchen schließen. Die 4 Zwiebeln und die restliche Füllung in eine gefettete Auflaufform geben und im Backofen 20 Minuten bei geschlossenem Deckel backen.

Vorbereitungszeit:	40 Minuten
Backzeit:	20 Minuten
Kalorien pro Portion:	590 kcal

Unser Tipp: Zwiebeln schneiden ist nicht zum Weinen, wenn Sie ein sehr scharfes Messer verwenden. Durch stumpfe Messer werden die Zellwände der Zwiebel gequetscht, wodurch ätherische Stoffe austreten, die dann unsere Augen reizen.

 # Gefüllte Riesenzwiebeln

Zutaten für 4 Personen

2 große Kartoffeln
Salz
1 mittelgroße Zucchini
150 g Blumenkohl
500 g Möhren
500 g Broccoli
2 Kohlrabi
125 ml Gemüsebrühe
Pfeffer
20 g Butter
Semmelbrösel
150 g Maasdamer-Käse, gerieben

Zubereitung:

1. Die Kartoffeln dämpfen, anschließend schälen, etwas abkühlen lassen und in Scheiben schneiden.

2. Den Broccoli und den Blumenkohl waschen, abtropfen lassen und in Röschen zerteilen. Die Möhren und den Kohlrabi schälen und in Stücke schneiden. Die Zucchini waschen und in Scheiben schneiden. Die Gemüse 10 Minuten in Gemüsebrühe dünsten und mit etwas Salz und Pfeffer würzen.

3. Den Backofen auf 200° C vorheizen.

4. Die Gemüsebrühe in eine gefettete Auflaufform gießen, die Gemüse darin anrichten, mit den Semmelbröseln und dem geriebenen Käse bestreuen und zum Schluss einige Butterflöckchen darauf setzen. Den Auflauf ca. 20 Minuten goldgelb backen.

Vorbereitungszeit:	40 Minuten
Backzeit:	20 Minuten
Kalorien pro Portion:	300 kcal

Unser Tipp: Wer eine Beilage mag, dem sei ein paniertes Goldbarschfilet empfohlen, und dazu ein Glas trockener Weißwein.

Zutaten für 4 Personen

600–700 g Fenchelknollen
250 ml Gemüsebrühe
3 mittelgroße Zwiebeln
25 g Butter
500 g Tomaten
125 ml Weißwein
125 ml Crème fraîche
Salz, Weißer Pfeffer
Italienische Kräuter
200 g mittelalter, geriebener Gouda

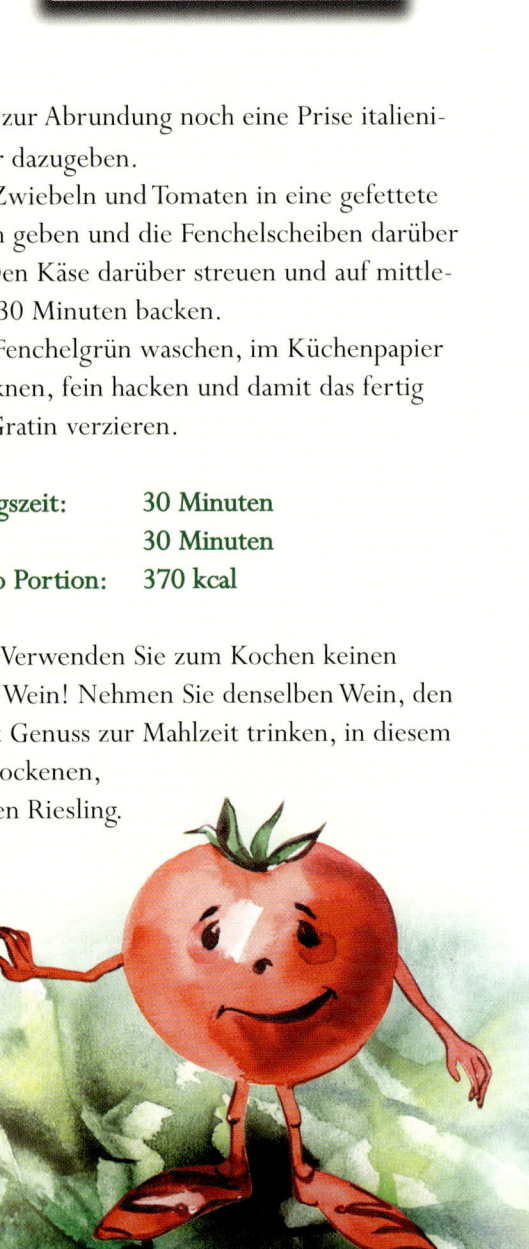

Zubereitung:

1. Das Kraut von den Fenchelknollen entfernen und beiseite legen. Die Knollen waschen, putzen und längs in dünne Scheiben schneiden.

2. Den Fenchel ca. 7 Minuten in der Gemüsebrühe dünsten und anschließend gut abtropfen lassen.

3. Den Backofen auf 200° C vorheizen.

4. Die Zwiebeln schälen, fein hacken und in Butter 2 Minuten andünsten. Die Tomaten heiß überbrühen, häuten und klein würfeln. Zusammen mit den Zwiebeln nochmals 10 Minuten dünsten. Den Wein zugießen und mit Crème fraîche verfeinern. Mit Salz und Pfeffer würzen und zur Abrundung noch eine Prise italienische Kräuter dazugeben.

5. Die Zwiebeln und Tomaten in eine gefettete Form geben und die Fenchelscheiben darüber schichten. Den Käse darüber streuen und auf mittlerer Schiene 30 Minuten backen.

6. Das Fenchelgrün waschen, im Küchenpapier trocknen, fein hacken und damit das fertig gebackene Gratin verzieren.

Vorbereitungszeit:	**30 Minuten**
Backzeit:	**30 Minuten**
Kalorien pro Portion:	**370 kcal**

Unser Tipp: Verwenden Sie zum Kochen keinen Extra-Billig-Wein! Nehmen Sie denselben Wein, den Sie auch mit Genuss zur Mahlzeit trinken, in diesem Fall einen trockenen, aber kräftigen Riesling.

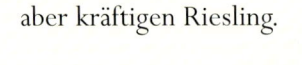

überbackener Blumenkohl

Zutaten für 4 Personen

1 großer Kopf Blumenkohl
Salz, 2 kleine Zwiebeln
1 Bund Petersilie
500 g gemischtes Hackfleisch
2 EL Öl
2 Eier
weißer Pfeffer, 4 feste Tomaten
50 g Butter
200 ml süße Sahne
50 g mittelalter, geriebener Gouda
Oregano

Zubereitung:

1. Den Blumenkohl waschen, putzen und im Ganzen in kochendem Salzwasser ca. 8 Minuten garen. Anschließend gut abtropfen lassen.

2. Die Zwiebeln schälen, klein würfeln und in heißem Öl in der Pfanne glasig werden lassen. Die Petersilie waschen, trockenschütteln und fein hacken. Das Hackfleisch mit einem Ei vermengen und ebenfalls in der Pfanne anbräunen. Mit Salz und Pfeffer würzen.

3. Den Backofen auf 200° C vorheizen.

4. Die Tomaten waschen, die Stielansätze entfernen und das Fruchtfleisch in kleine Stücke schneiden. Die Sahne mit einem Ei verquirlen und pikant mit Salz, weißem Pfeffer und Oregano würzen.

5. Die Hackfleischmischung in eine Auflaufform geben und den Blumenkohl darauf setzen. Die Tomatenstücke um den Blumenkohl legen und alles mit der gewürzten Sahne übergießen. Ein paar Butterflöckchen darauf geben und mit dem geriebenen Gouda bestreuen.

6. Auf mittlerer Schiene ca. 30 Minuten backen.

Vorbereitungszeit:	25 Minuten
Backzeit:	30 Minuten
Kalorien pro Portion:	750 kcal

Unser Tipp: Wie bekommen Sie die kleinen Untermieter aus dem Blumenkohl, ohne diesen zu zerschneiden? Legen Sie den Blumenkohl für 10 Minuten in Salzwasser. Das veranlasst die ungebetenen Gäste zum Auswandern.

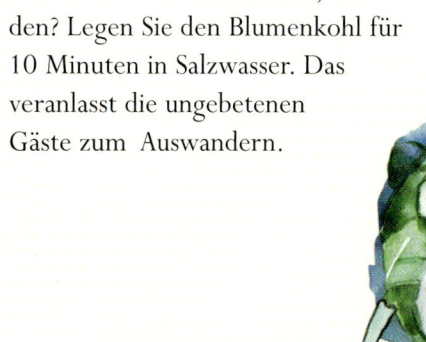

Zutaten für 4 Personen

4 große Kohlrabi
Salz, 4 Scheiben Toastbrot
2 kleine Zwiebeln
400 g Hackfleisch
1 Ei, 1 EL Senf, Pfeffer
125 ml klare Brühe, 200 g süße Sahne
4 EL Weißwein, Muskat
150 g geriebener Allgäuer Bergkäse

Zubereitung:

1. Die Kohlrabi-Stängel mit dem Kraut entfernen, dann die Kohlrabi schälen und waschen. Im Salzwasser 40 Minuten abgedeckt kochen lassen.

2. Vom Toastbrot die Rinde entfernen und die Scheiben in Milch einweichen. Die Zwiebeln schälen und klein hacken. Das Hackfleisch zusammen mit dem ausgedrückten Toast, den Zwiebeln, dem Ei und dem Senf verkneten und gut salzen und pfeffern. 5 Minuten in der Pfanne anbraten.

3. Die Kohlrabi mit einem Löffel aushöhlen und mit der Hackfleischmasse füllen.

4. Den Backofen auf 200° C vorheizen.

5. Die klare Brühe aufkochen lassen und in eine feuerfeste Keramikform gießen. Die 4 gefüllten Kohlrabi hineinstellen und mit dem Käse bestreuen.

Sollte noch etwas Hackfleisch übrig geblieben sein, geben Sie es mit in die Auflaufform. Im Backofen auf mittlerer Schiene 20-30 Minuten garen.

6. Die Kohlrabi aus der Form nehmen und servieren.

Vorbereitungszeit:	60 Minuten
Backzeit:	30 Minuten
Kalorien pro Portion:	700 kcal

Unser Tipp: Frisches Kohlrabikraut ist zum Wegwerfen zu schade. In schmale Streifen geschnitten bereichert es mit seinem intensiven Geschmack jeden (Kohlrabi-) Eintopf.

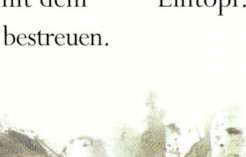

Zutaten für 4 Personen

2 mittelgroße Auberginen
4 große, feste Fleischtomaten
Salz, weißer Pfeffer
Italienische Kräuter
Mehl zum Wenden, 4 EL Olivenöl
1 Bund Petersilie
200 g geriebener Gouda
125 g süße Sahne
1 kleiner Becher Crème fraîche
1 EL Semmelbrösel
Basilikum

Zubereitung:

1. Die Auberginen waschen und in ca. 1 cm dicke Scheiben schneiden. Die Scheiben in einen Teller legen und salzen. Dann 20 Minuten ruhen lassen, anschließend unter fließendem Wasser abspülen und mit Küchenpapier trocknen. Die Tomaten ebenfalls in Scheiben schneiden.

2. Die Auberginenscheiben mit weißem Pfeffer und den italienischen Kräutern würzen, in Mehl wenden und in Olivenöl anbraten.

3. Den Backofen auf 200° C vorheizen.

4. Die Auberginen- und Tomatenscheiben dachziegelartig nebeneinander auf eine gefettete, feuerfeste Platte schichten.

5. Die Petersilie waschen, trockenschütteln und fein hacken. Mit dem geriebenen Käse und der Sahne sowie Crème fraîche vermischen. Die Käsemischung als kleine Häufchen auf die einzelnen Auberginen- und Tomatenscheiben setzen und mit Semmelbröseln bestreuen.

6. Die feuerfeste Form auf die mittlere Schiene in den Backofen schieben und einige Minuten überbacken oder übergrillen, bis sich eine goldgelbe Kruste bildet. Vor dem Servieren noch mit Basilikum garnieren.

Vorbereitungszeit:	30 Minuten
Backzeit:	10 Minuten
Kalorien pro Portion:	260 kcal

Unser Tipp: Kleinere Portionen dieses Rezepts können Sie auch sehr gut als Vorspeise zu italienischen Gerichten servieren.

Auberginen-Tomaten-Blech

Zutaten für 4 Personen

400 g Karotten
600 g Zucchini
1 Bund Petersilie
200 g süße Sahne
1 Ei
Salz
weißer Pfeffer aus der Mühle
Muskat
150 g Greyerzer Käse
2 EL Semmelbrösel

Zubereitung:

1. Den Backofen auf 200° C vorheizen.

2. Die Karotten und die Zucchini putzen, waschen und grob raspeln. Die Petersilie waschen, fein hacken und unterheben. Das Gemüse in eine gefettete Auflaufform legen.

3. Die Sahne mit dem Ei verrühren, mit Salz, weißem Pfeffer und Muskat würzen und über das Gemüse gießen.

4. Den Käse reiben und zusammen mit den Semmelbröseln darüber streuen.

5. Auf mittlerer Schiene 20 bis 30 Minuten backen.

Vorbereitungszeit:	25 Minuten
Backzeit:	30 Minuten
Kalorien pro Portion:	280 kcal

Unser Tipp: Je nach Jahreszeit können Sie auch andere Gemüsesorten verwenden, zum Beispiel Sellerie. Oder mischen Sie doch mal Sonnenblumenkerne unter Ihren Auflauf.

Karotten-Zucchini-Auflauf

Zutaten für 4 bis 6 Personen

1 kg Kartoffeln
Salz
Butter
200 g Bauernschinken
200 g Lauch
200 g Hüttenkäse
200 g süße Sahne
3 Eier
Salz, Pfeffer
Olivenöl
Kräuter der Toskana

Zubereitung:

1. Die Kartoffeln schälen, waschen und in dicke Scheiben schneiden (große Kartoffeln zuvor vierteln). Im Salzwasser kurz – etwa 5 Minuten – kochen und anschließend abgießen.

2. Dann die Kartoffelscheiben in eine gebutterte Auflaufform schichten.

3. Den Backofen auf 200° C vorheizen.

4. Den Lauch putzen, waschen und in Ringe schneiden. Den Bauernschinken in Streifen schneiden und zusammen mit den Lauchringen 5 Minuten in Olivenöl dünsten. Anschließend auf den Kartoffelscheiben verteilen.

5. Den Hüttenkäse zusammen mit Sahne, Eiern und den toskanischen Kräutern verrühren, mit Salz und Pfeffer würzen und in die Auflaufform gießen.

6. Jetzt noch einige Butterflöckchen darauf setzen und im Ofen ca. 20 Minuten backen.

Zubereitungszeit:	30 Minuten
Backzeit:	20 Minuten
Kalorien pro Portion:	480 kcal

Unser Tipp: Wenn der Lauch nicht mehr ganz frisch ist, schälen Sie die äußeren, welk gewordenen Blätter ab. Meistens genügt es, zwei Blätter wegzunehmen.

Zutaten für 4 Personen

300 g frische Pfifferlinge (oder aus der Dose)
80 g Butter
90 g Weizenmehl
125 ml Wasser
125 ml Milch
3 Eier
Salz
weißer Pfeffer
Paprikapulver

Zubereitung:

1. Die Pfifferlinge putzen. Die größeren Pilze halbieren oder vierteln.

2. In einem Topf die Butter schmelzen, das Mehl einrühren und unter weiterem Rühren das Wasser (gegebenenfalls die Flüssigkeit aus der Pilz-Dose) und die Milch zugeben. Zwei Minuten aufkochen und dann abkühlen lassen.

3. Den Backofen auf 175° C vorheizen.

4. Die Eier trennen. Die Eigelbe und die Pilze in den Teig einrühren und mit Salz, Pfeffer und Paprikapulver würzen. Die Eiweiße steif schlagen und den Eischnee unterheben.

5. Eine runde Glas-Schüssel (16 cm Durchmesser) oder eine Souffleeform mit geraden Wänden mit Butter fetten, bemehlen und mit dem Teig füllen.

6. Das Soufflee auf mittlerer Schiene 45 Minuten backen. Öffnen Sie keinesfalls den Backofen während der Backzeit, da sonst das Soufflee zusammenfallen kann.

Zubereitungszeit:	30 Minuten
Backzeit:	45 Minuten
Kalorien pro Portion:	370 kcal

Unser Tipp: Das Pfifferling-Soufflee ist auch als Beilage zu einem saftigen Steak (auch Schweinesteak oder Wild) hervorragend geeignet.

43

Zutaten für 4 Personen

250 g Frischei–Nudeln
150 g Karotten
1 mittelgroße Zwiebel
1 EL Butter
150 g Erbsen, frisch oder tiefgefroren
250 g gekochter Schinken
125 g Mozzarella
Salz, Pfeffer
200 g süße Sahne
1 TL Basilikum

Zubereitung:

1. Die Nudeln im Salzwasser „al dente"(bissfest) garen, anschließend kalt abschrecken und gut abtropfen lassen.

2. Die Karotten putzen, waschen und in kleine Würfel schneiden. Die Zwiebel schalen und fein hacken.

3. Die Karotten und die Zwiebel ca. 5-7 Minuten in Butter andünsten, bis die Zwiebelstücke glasig werden. Die Erbsen im Salzwasser blanchieren, kalt abschrecken und gut abtropfen lassen. Den Schinken klein schneiden.

4. Den Backofen auf 175° C vorheizen.

5. Eine feuerfeste Auflaufform ausfetten und die Nudeln sowie das Gemüse mit dem Schinken hineinlegen. Die Sahne darüber gießen und mit Pfeffer und Basilikum würzen. Den Mozzarella zum Schluss darauf legen.

6. Den Auflauf ca. 30 Minuten auf mittlerer Schiene überbacken.

Zubereitungszeit:	20 Minuten
Backzeit:	30 Minuten
Kalorien pro Portion:	680 kcal

Unser Tipp: Die Nudeln können Sie ohne weiteres schon am Vortag kochen. Zum Aufbewahren im Kühlschrank - mischen Sie nach dem Abtropfen etwas Olivenöl unter.

Zutaten für 6 Personen

100 g weiche Butter oder Margarine
100 g Zucker
3 Eier
500 g Quark
1 EL Grieß
100 g Haferflocken
Salz
1 Päckchen geriebene Zitronenschale
Saft einer halben Zitrone
600 g Rhabarber
100 g gemahlene Haselnüsse
1 Päckchen Vanillezucker
Semmelbrösel für die Form

Zubereitung:

1. Den Rhabarber putzen, waschen und in kleine Stücke schneiden.

2. Die Butter bzw. die Margarine mit dem Zucker schaumig rühren, bis sich der Zucker aufgelöst hat. Eier, Quark, Grieß und eine Prise Salz mit einrühren. Dann die geriebene Zitronenschale und den Zitronensaft hinzugeben und die Haselnüsse sowie den Vanillezucker unterrühren. Zum Schluss die halbe Menge des vorbereiteten Rhabarbers dazugeben.

3. Eine feuerfeste Auflaufform fetten und mit Semmelbröseln ausstreuen. Den Teig einfüllen und die restliche Hälfte des Rhabarbers darüber schichten.

4. Den Auflauf ca. 30-40 Minuten im vorgeheizten Backofen bei 200° C auf der mittleren Schiene backen.

Vorbereitungszeit:	30 Minuten
Backzeit:	40 Minuten
Kalorien pro Portion:	390 kcal

Unser Tipp: Der Säuregehalt von Rhabarber kann manchmal unangenehm hoch sein. Dementsprechend können Sie bei der Zugabe von Zucker ruhig etwas großzügiger sein.

Spargelauflauf

Zutaten für 5–6 Personen

**Zutaten für den Teig
(Backform mit 33 x 27 cm):**
   400 g Mehl
   200 g Butter
   2 Eier
   Salz

Zutaten für die Füllung:
   1 kg weißer oder grüner Spargel
   Saft einer Zitrone

2 EL Butter
2 TL Zucker
200 g Frischkäse mit Kräutern der Provence
1 Ei
1 Bund Petersilie
200 g süße Sahne
Salz
weißer Pfeffer
Muskat

Zubereitung:

1. Das Mehl mit den Butter-Flöckchen, den Eiern und einer Prise Salz zu einem Teig kneten. In einer Schüssel eine Stunde im Kühlschrank ruhen lassen.

2. Den Spargel schälen und in Salzwasser mit einer Prise Zucker und einem TL Butter 10 Minuten bei mittlerer Temperatur kochen, dann aus dem Sud nehmen, auf einem Küchentuch trocknen und abkühlen lassen.

3. Inzwischen den Backofen auf 200°C vorheizen.

4. Die Petersilie fein hacken.

5. Den Frischkäse, das Ei, die gehackte Petersilie und die Sahne in einer Schüssel verrühren und mit Salz, Pfeffer und Muskat abschmecken.

6. Den Teig ausrollen und die ausgefettete Form damit auskleiden. Mehrmals mit einer Gabel einstechen, in den Backofen geben und ca. 10 Minuten vorbacken.

7. Die Form aus dem Ofen nehmen und den Teigboden mit der Frischkäsemasse bestreichen. Darauf die Spargelstangen anrichten und in ca. 30 Minuten fertig backen.

Unser Tipp: Wenn Sie den gekauften Spargel nicht sofort verarbeiten können, wickeln Sie ihn in ein feuchtes Tuch, am besten mit Zitronenwasser getränkt, und legen ihn in den Kühlschrank. Die Zitronensäure lässt den Spargel weiß bleiben.

Vorbereitungszeit:	35 Minuten (ohne Ruhezeit)
Backzeit:	40 Minuten
Kalorien pro Portion:	770 kcal

**Zutaten für eine Auflaufform
(ca. 12 Portionen)**

600 g Blätterteig (am besten tiefgefroren)
600 g Tomaten
250 g geriebener Emmentaler
150 g Crème fraîche, 200 g Sahne
60 g Butter
3 Eier, Salz
weißer Pfeffer
2 TL italienische Kräuter

Zubereitung:

1. Den Backofen auf 200° C vorheizen.

2. Den aufgetauten Blätterteig mit etwas Mehl ausrollen.

3. Den Blätterteig in die Auflaufform (Jenaer Glas) einlegen und seitlich etwas hochziehen, so dass Ränder entstehen.

4. Die Tomaten mit heißem Wasser überbrühen, häuten, zu kleinen Würfeln schneiden und auf dem Teigboden verteilen.

5. Die Eier mit den italienischen Kräutern verquirlen und eine Prise Salz und Pfeffer zugeben. Anschließend die weiche Butter und die Crème fraîche langsam einrühren.

6. Diese Masse dann über die Tomaten gießen und mit dem geriebenen Emmentaler bestreuen.

7. Nun knapp 30 Minuten auf mittlerer Schiene backen. Sollte der Belag zu dunkel werden, können Sie den Kuchen gegen Ende der Backzeit mit Alufolie abdecken. Oder nehmen Sie nach der Hälfte der Backzeit die Ofentemperatur auf 180° C zurück.

Vorbereitungszeit:	30 Minuten (nach dem Auftauen des Teiges)
Backzeit:	30 Minuten
Kalorienpro Portion:	430 kcal

Unser Tipp: Der Tomatenkuchen schmeckt am besten, wenn er heiß serviert wird. Da macht er jeder Pizza Konkurrenz!

Bohnen-Tomaten-Kuchen

Zutaten für 4 Personen

250 g Mehl, 5 Eier
Salz, 125 g Butter, 3 EL Wasser
500 g Bohnen, 1 Zweig Bohnenkraut
125 ml Fleischbrühe
200 g Cocktailtomaten
200 g süße Sahne
5 Scheiben Schwarzwälder Schinken
Kräuter der Provence
125 g Crème fraîche
150 g geriebener Allgäuer
Bergkäse
Pfeffer

Zubereitung :

1. Das Mehl mit einem Ei, einer Prise Salz, der Butter und 3 EL Wasser zu einem Teig kneten. Anschließend ca. 30 Minuten im Kühlschrank ruhen lassen.

2. Die Bohnen waschen, putzen und klein schneiden. Zusammen mit dem Bohnenkraut 10 Minuten in der Fleischbrühe garen. Danach abgießen und das Bohnenkraut entfernen.

3. Den Backofen auf 200° C vorheizen.

4. Den Teig in einer gefetteten Form auslegen und mit einer Gabel mehrmals einstechen.

5. Die Cocktailtomaten halbieren. Den Teig mit etwa 300 g Bohnen und den Cocktailtomaten belegen, dabei einige Tomaten zur Dekoration beiseite legen.

6. Das Eiweiß der restlichen Eier steif schlagen. Die Eigelbe, die Sahne und den geriebenen Käse mit Crème fraîche verrühren, mit Salz und Pfeffer würzen und das steif geschlagene Eiweiß unterheben. Die Masse gleichmäßig auf dem belegten Teig verteilen.

7. Die restlichen 200 g Bohnen und Cocktailtomaten als obere Schicht darauf legen.

8. Auf mittlerer Schiene 30 bis 40 Minuten ba-cken. Ca. 10 Minuten vor Ende der Backzeit die Schinkenscheiben darüber legen.

Vorbereitungszeit:	40 Minuten
Backzeit:	35 Minuten
Kalorien pro Portion:	410 kcal

Unser Tipp: Wenn Sie nicht auf Fleisch verzichten möchten, empfehlen wir Ihnen dazu ein Kasseler, entweder paniert und gebraten oder zusammen mit dem Gemüse in der Form gebacken. In diesem Fall legt man das Fleisch am besten auf die untere Bohnenschicht.

Zutaten für 4 Personen

Zutaten für den Teig:
150 g Mehl
150 g kalte Margarine oder Butter, Salz
4 EL kaltes Wasser

Zutaten für den Belag:
3 Zwiebeln
je 1-2 gelbe, grüne und rote Paprikaschoten
1 EL Öl, 2 Eier
125 ml Milch
100 g geriebener Allgäuer Emmentaler
weißer Pfeffer, Salz

Zubereitung:

1. Mehl, Margarine und Salz mit Wasser zu einem Teig verkneten. Den Teig eine Stunde in den Kühlschrank stellen.

2. Den Backofen auf 225° C vorheizen.

3. Die Paprikaschoten putzen und die Stielansätze sowie die Kerngehäuse entfernen. Die Zwiebeln schälen und beides, Paprika und Zwiebeln, in Ringe schneiden. 8-10 Minuten in Öl anbraten.

4. Eier, Milch und Käse miteinander verquirlen und mit Salz und Pfeffer würzen.

5. Den Teig ausrollen und in einer feuerfesten, Form (26 cm Durchmesser) auslegen. Mit einer Gabel mehrmals einstechen und anschließend 10 Minuten auf mittlerer Schiene vorbacken.

6. Den vorgebackenen Teig mit den Paprika- und Zwiebelringen belegen und mit der verquirlten Milch-Käse-Mischung übergießen.

7. Ca. 25 Minuten backen, bis sich der Teig goldgelb färbt.

Vorbereitungszeit:	60 Minuten
Kühlzeit:	60 Minuten
Backzeit:	35 Minuten
Kalorien pro Stück:	310 kcal bei 8 Stück pro Pizza

Unser Tipp: Grüne Paprikaschoten sind eigentlich noch unreif und daher vielleicht nicht so gut bekömmlich wie die roten oder die noch reiferen gelben Paprikaschoten. Wenn es Ihnen weniger auf Optik als auf Bekömmlichkeit ankommt, sollten Sie eventuell den Anteil grüner Paprikaschoten reduzieren.

Zutaten für 4 Personen

150 g Langkornreis
Salz
Pfeffer
250 g Schwarzwälder Schinken
2 Zwiebeln
200 g Champignons
50 g geriebener Parmesan
2 Salatgurken
125 ml Gemüsebrühe
100 g mittelalter Gouda

Zubereitung:

1. Den Langkornreis in Salzwasser 10 Minuten bissfest kochen und dann abseihen.

2. Den Schwarzwälder Schinken in Streifen, die Zwiebeln schälen und in kleine Würfel schneiden. Die Champignons waschen, putzen und in dünne Scheibchen schneiden.

3. Den Backofen auf 200° C vorheizen.

4. Die Schinkenstreifen ohne Fett kross anbraten. Die Zwiebeln und Champignons dazugeben und kurz mitbraten. Den Reis und den geriebenen Parmesan untermengen und alles mit Salz und Pfeffer würzen.

5. Die Salatgurken schälen und der Länge nach halbieren. Die Kerne und das Kernfleisch mithilfe eines Teelöffels entfernen und mit der Champignonmischung füllen.

6. Die Gemüsebrühe in eine feuerfeste Form gießen, die Gurkenhälften hineinlegen und zugedeckt 30 Minuten garen.

7. Den geriebenen Gouda darüber streuen und 5 Minuten ohne Deckel bei 225° C überbacken.

Vorbereitungszeit:	40 Minuten
Backzeit:	35 Minuten
Kalorien pro Stück:	540 kcal

Unser Tipp: Verwenden Sie frische und feste Gurken, die beim Backen nicht allzu wässrig werden.

Zwiebelkuchen

Zutaten für 12 Stücke

30 g Hefe
150 ml Wasser
400 g Mehl
125 ml Olivenöl
Salz
2 kg Zwiebeln
150 g Butter
6 Eier
400 g Crème fraîche
weißer Pfeffer
150 g durchwachsener Speck
Kümmel

Zubereitung:

1. Die Hefe in 150 ml lauwarmem Wasser verrühren und mit dem Mehl in eine Schüssel geben. Mit Öl und Salz zu einem glatten Teig verkneten. Den Teig zudecken und an einem warmen Ort 20 Minuten gehen lassen.

2. Die Zwiebeln schälen, grob würfeln (oder in Ringe schneiden) und in Butter glasig dünsten, dann abkühlen lassen.

3. Die Zwiebeln mit Eiern und Crème fraîche verrühren und mit Salz und Pfeffer würzen.

4. Den Teig ausrollen und auf einem gefetteten Backblech auslegen, die Ränder ausformen und weitere 5 Minuten ruhen lassen.

5. Den Speck in kleine Stücke schneiden.

6. Den Belag auf dem Teig verteilen, den Speck darüber geben und je nach Geschmack mit Kümmel verfeinern.

7. Den Zwiebelkuchen im vorgeheizten Backofen 40 Minuten auf mittlerer Schiene bei 200° C goldgelb backen.

Vorbereitungszeit:	45 Minuten
Backzeit:	40 Minuten
Kalorien pro Stück:	350 kcal

Unser Tipp: Der Zwiebelkuchen schmeckt warm und kalt. Es empfiehlt sich dazu ein trockener Weißwein.

Zutaten für eine runde Kuchenform (24 cm)

200 g gemahlene Kokosflocken
250 g Zucker
120 g Mehl
120 g Butter
4 Eier
250 ml Milch
1 Päckchen Backpulver
Semmelbrösel für die Form

Zubereitung:

1. Den Backofen auf 200° C vorheizen.

2. Die Eigelbe mit Butter und Zucker schaumig schlagen. Die Kokosflocken in die Milch streuen und zusammen mit dem Mehl und dem Backpulver einrühren. Die Eiweiße zu Schnee schlagen und vorsichtig unterheben.

3. Den fertigen Teig in die gefettete und mit Semmelbröseln bestreute Backform gießen und ca. 45 Minuten backen.

4. Den abgekühlten Kuchen aus der Backform stürzen und mit Kokosflocken bestreuen.

Vorbereitungszeit:	15 bis 20 Minuten
Backzeit:	45 Minuten
Kalorien pro Stück:	300 kcal

Unser Tipp: Steigern Sie die Exotik dieses Kuchens, indem Sie ihn mit ein paar Stücken einer frischen Kokosnuss verzieren. Oder benutzen Sie eine besondere Kuchenform, zum Beispiel eine Sternform. Reichen Sie Ihren Gästen dazu eine Tasse Amaretto-Kaffee mit Sahnehäubchen.

Zutaten für eine 26-cm-Springform

200 g Spitzen-Langkorn-Reis
Salz
2 Zwiebeln
12 mild eingelegte Peperoni
1 Dose Mais (300 ml)
120 g Oliven
150 g Maismehl

1/2 TL Backpulver
250 ml Milch
2 Eier
5 EL Olivenöl
300 g würziger Bergkäse, gerieben
200 g süße Sahne
Semmelbrösel für die Form

Zubereitung:

1. Den Backofen auf 200° C vorheizen.

2. Den Reis in einem geschlossenen Topf ca. 15 Minuten in Salzwasser garen, durch ein Sieb gießen, mit kaltem Wasser abschrecken und gut abtropfen lassen.

3. Die Zwiebeln schälen und fein hacken. Den Mais, die Peperoni und die Oliven abtropfen lassen. Die Peperoni zerkleinern und die Oliven in Ringe schneiden.

4. Mehl, Backpulver und etwas Salz in eine Schüssel geben und mit Milch, Sahne, Eiern und Olivenöl zu einem glatten Teig verarbeiten. Die restlichen vorbereiteten Zutaten und den Bergkäse locker unterheben.

5. Die Teigmasse in eine gefettete, mit Semmelbröseln ausgestreute Springform geben und in ca. 45 Minuten goldgelb backen.

Vorbereitungszeit:	20 Minuten
Backzeit:	45 Minuten
Kalorien pro Stück:	360 kcal

Unser Tipp: Ein Glas trockener Weißwein unterstreicht den würzigen Geschmack.

Herzhafte Reis-Mais-Torte

Zutaten für eine 26-cm-Springform
(ergibt ca. 12 Stück)

300 g Karotten, 6 Eigelb
150 g Zucker
je 1 Päckchen Zitro-back und Orange-back
1/2 TL gemahlener Zimt
400 g gemahlene Haselnüsse
40 g Mehl, 1 TL Backpulver
6 Eiweiß, Salz
4 cl Kirschwasser
3 EL Aprikosenmarmelade
125 g Puderzucker
1 Packung Marzipan-Karotten
Semmelbrösel für die form

Zubereitung:

1. Den Backofen auf 200° C vorheizen.

2. Die Karotten waschen, putzen und fein reiben.

3. Die Eigelbe mit 150 g Zucker schaumig schlagen. Zitronen- und Orangenschalenextrakt sowie Zimt dazugeben.

4. Das Mehl, die Haselnüsse und das Backpulver vermengen und zu dem Eierschaum geben. Die Eiweiße mit etwas Salz zu steifem Schnee schlagen und zusammen mit den Karottenraspeln und dem Kirschwasser unterheben.

5. Eine Springform fetten und mit Semmelbröseln ausstreuen. Den Teig einfüllen, glatt streichen und auf der mittleren Schiene ca. 60 Minuten backen. Danach auskühlen lassen.

6. In der Zwischenzeit die Aprikosenmarmelade leicht erwärmen und den Puderzucker darin auflösen. Den Kuchen mit der Glasur bestreichen und mit den Marzipan-Karotten dekorieren.

Vorbereitungszeit:	25 Minuten
Backzeit:	60 Minutcn
Kalorien pro Stück:	390 kcal

Unser Tipp: Sofern noch etwas übrig ist, schmeckt die Möhrentorte auch noch nach zwei bis drei Tagen.

Zutaten für eine 26-cm-Springform (ergibt ca. 12 Stück)

Zutaten für den Teig:
250 g Mehl, 1 Prise Salz, 80 g Zucker, 1 Ei
2 TL Milch, 150 g Butter

Zutaten für die Füllung:
500 g Speisequark
2 EL süße Sahne, 2 EL Weißwein
4 Eier, Salz, Pfeffer, 1 Prise Muskat
1/2 TL Zitronensaft

1/2 TL Worcestersauce, 1 Bund Petersilie
200 g geriebener Emmentaler, 500 g Rosenkohl

Zubereitung

1. Das Mehl sieben und mit einer Prise Salz vermischen. Den Zucker, das Ei, die Milch und die Butter in Flöckchen dazugeben und zu einem blasenfreien Teig kneten.

2. In einer geschlossenen Plastikschüssel für etwa 1 Stunde in den Kühlschrank stellen.

3. Den Teig auf einer bemehlten Arbeitsfläche ausrollen und die Springform damit auslegen, dabei einen ca. 4 cm hohen Rand formen.Den Teig mehrmals mit einer Gabel einstechen.

4. Den Backofen auf 200° C vorheizen.

5. Den Rosenkohl waschen, putzen und 10 bis 15 Minuten im Salzwasser garen.

6. Den Quark in eine Schüssel geben, mit Sahne, Wein, Eiern und der gehackten Petersilie vermengen und mit Salz, Pfeffer und Muskat pikant würzen. Zum Schluss mit einigen Spritzern Worcestersauce abschmecken.

7. Die Hälfte des geriebenen Emmentalers zur Quarkmasse geben, unterheben, in die Springform gießen und glatt streichen. Den Rosenkohl gleichmäßig auf der Masse verteilen. Dabei sollten einige Rosenkohl-Köpfchen tiefer in den Teig eintauchen. Das lässt die späteren Kuchenstücke sehr schön aussehen.

8. Den restlichen Emmentaler über den Kuchen streuen und auf mittlerer Schiene bei 200° C ca. 50 Minuten backen.

Vorbereitungszeit:	50 Minuten
Backzeit:	50 Minuten
Kalorien pro Stück:	310 kcal

Unser Tipp: Anstatt Grün mal Orange! In diesem Rezept können Sie sehr gut den Rosenkohl durch Karotten ersetzen. Schneiden Sie dazu die Karotten in kleine Scheiben.

Rosenkohl-Quark-Kuchen

Zutaten für 4–5 Personen

1 kg kleine Zucchini
200 g mittelalter, geriebener Gouda
125 ml süße Sahne
3 Eier
3 EL Mehl
Salz
weißer Pfeffer
italienische Kräuter
Muskat
Semmelbrösel für die Form

Zubereitung :

1. Die Zucchini waschen, den Stielansatz entfernen und das Fruchtfleisch in Streifen hobeln.
2. Den Backofen auf 200° C vorheizen.

3. Mehl, Eier und Sahne verrühren, den geriebenen Käse und die gehobelten Zucchini unterheben. Mit Salz, Pfeffer, Muskat und den italienischen Kräutern würzen.

4. Eine Rehrückenform fetten und mit Semmelbröseln ausstreuen. Die Teigmasse einfüllen und glatt streichen.

5. Etwa 1 Stunde auf mittlerer Schiene backen.

6. Den Kuchen etwas abkühlen lassen und zum Servieren auf eine Tortenplatte stürzen.

Unser Tipp: Zucchini lassen sich gut mit einem Gurkenhobel schneiden. Übrigens auch Kartoffeln, falls Sie einmal dünne Kartoffelscheiben für ein Gratin benötigen.

Vorbereitungszeit:	20 Minuten
Backzeit:	60 Minuten
Kalorien pro Portion:	280 kcal

Herzhafter Zucchini-Kuchen

Zutaten für 6 Personen

800 g Blumenkohl
Salz, 250 g Mehl
100 g Mascarpone
125 g Butter, 5 Eier
1 Prise Zucker
150 ml süße Sahne
50 g geriebener Parmesan
weißer Pfeffer
250 g gekochter Schinken

Zubereitung :

1. Den Blumenkohl putzen, waschen und in kleine Röschen zerteilen. 5 Minuten im Salzwasser garen und gut abtropfen lassen.

2. Den Backofen auf 225° C vorheizen.

3. Aus Mehl, Butter, einem Ei, einer Prise Salz und einer Prise Zucker einen Teig kneten, ausrollen und in eine Springform (26 cm) legen, dabei einen ca. 4 cm hohen Rand formen. 10 Minuten vorbacken.

4. Sahne, Mascarpone und Parmesan mit 4 Eiern verquirlen und mit Salz und Pfeffer würzen.

5. Den Schinken würfeln. Blumenkohl auf dem Tortenboden verteilen und die Schinkenwürfel darüber streuen. Zum Schluss die

verquirlte Ei-Mischung darüber gießen und im Ofen 20-30 Minuten backen.

Vorbereitungszeit:	20 Minuten
Backzeit:	35 Minuten
Kalorien pro Portion:	480 kcal

Unser Tipp: Diese Blumenkohl-Torte sollte heiß serviert werden. Gegebenenfalls in der Mikrowelle aufwärmen!

**Zutaten für eine 28-cm-Quicheform
(ergibt ca. 12 Stück)**

Zutaten für den Teig:
200 g Mehl, 1 Prise Salz
100 g kalte Butter, 75 ml Wasser

Zutaten für die Füllung:
1 Zwiebel, 2 Eier
500 g frischer Spinat
1 EL Butter
250 g Maiskörner aus der Dose
100 g Mascarpone, Salz
weißer Pfeffer, Muskat
50 g frisch geriebener Emmentaler Käse
2 Bund Petersilie, 250 ml Milch
Semmelbrösel für die Form

Zubereitung

1. Gesiebtes Mehl mit einer Prise Salz vermischen. Die Butter in dünnen Scheiben dazugeben und zusammen mit dem Wasser zu einem Teig kneten.

2. In einer geschlossenen Plastikschüssel im Kühlschrank eine Stunde kalt stellen.

3. Den Teig auf einer bemehlten Arbeitsfläche ausrollen und die gefettete, mit Semmelbröseln bestreute Form damit auslegen. Einen ca. 4 cm hohen Rand formen. Den Teigboden mehrmals mit einer Gabel einstechen.

4. Die Zwiebel schälen und in Ringe schneiden. Den Spinat waschen. Die Butter in einem Topf erhitzen und die Zwiebelringe glasig andünsten. Anschließend den Spinat dazugeben und ca. 5 Minuten dämpfen. Das Ganze mit etwas Muskat abschmecken.

5. Den Backofen auf 225° C vorheizen.

6. Den Mais abseihen, gut abtropfen lassen, mit Mascarpone mischen und mit Salz und Pfeffer würzen. Die Mais-Mascarpone-Mischung vorsichtig unter den Spinat heben und das Ganze auf dem Kuchenboden gleichmäßig verteilen.

7. Die Eier verquirlen, die Milch dazugießen, mit dem geriebenen Emmentaler und der klein geschnittenen Petersilie verrühren und über die Kuchenfüllung gießen.

8. Den Kuchen auf der mittleren Schiene 30 Minuten backen.

Vorbereitungszeit:	40 Minuten (ohne Abkühlzeit)
Backzeit:	30 Minuten
Kalorien pro Stück:	410 kcal

Unser Tipp: Verwenden Sie zum Schneiden von Gewürzkräutern, auch Petersilie, stets scharfe Messer. Stumpfe Messer quetschen die Kräuter und lassen sie bitter schmecken.

Spinat-Mais-Kuchen

Zutaten für 4 Personen

700 g Kartoffeln
100 g saure Sahne, 2 Eier
100 g mittelalter, geriebener Gouda
Salz, Pfeffer, Muskat
20 g getrocknete Mischpilze
500 g Tomaten
1/2 Bund Frühlingszwiebeln
Kräuter der Toscana
250 g Mozzarella
50 g schwarze Oliven
2 EL Semmelbrösel

Zubereitung :

1. Den Backofen auf 200° C vorheizen.

2. Die Kartoffeln waschen, schälen und raspeln. Mit saurer Sahne, Eiern und geriebenem Gouda verrühren. Die Masse mit Salz, Pfeffer und Muskat würzen.

3. Eine Kuchenform fetten und mit Semmelbröseln ausstreuen.

4. Die Kartoffelmasse als „Boden" in die Kuchenform geben und auf mittlerer Schiene 20 Minuten backen.

5. Die Pilze in Wasser ca. 15 Minuten einweichen und anschließend gut ausdrücken. Die Frühlingszwiebeln putzen und in Ringe schneiden. Die Tomaten waschen, entkernen und würfeln. Alle Zutaten vermischen, salzen, pfeffern und mit den Kräutern der Toscana verfeinern.

6. Die Gemüsemischung auf dem vorgebackenen Kartoffelboden verteilen, mit den schwarzen Oliven und Mozzarellascheiben belegen und weitere 40 Minuten backen.

Vorbereitungszeit:	25 Minuten
Backzeit:	60 Minuten
Kalorien pro Portion:	350 kcal

Unser Tipp: Falls Ihr Umfeld es zulässt, sollten Sie das Ganze mit 1 bis 2 Knoblauchzehen verfeinern.

Zutaten für 4 Personen

1 Paket tiefgefrorener Blätterteig
500 g Broccoli-Röschen
500 ml Gemüsebrühe
250 g Shrimps
250 g Sahnequark
1 Becher saure Sahne
4 Eier, 1 Schuss Weißwein
100 g geriebener Butterkäse
Salz, Pfeffer aus der Mühle
Muskat

Zubereitung :

1. Den Backofen auf 200° C vorheizen.

2. Den Blätterteig auftauen lassen. Eine Kastenform mit Wasser benetzen und mit etwa drei Viertel des Blätterteigs auslegen.

3. Die Broccoli-Röschen waschen und zerkleinern, in der Gemüsebrühe garen und anschließend abgießen.

4. Die Shrimps ebenfalls waschen, abtropfen lassen und mit den Broccoli-Röschen vermischen.

5. Den Sahnequark und die saure Sahne zusammen mit den Eiern und einem Schuss Weißwein verrühren. Den Butterkäse reiben, unterrühren und das Ganze mit Salz, Pfeffer und Muskat gut würzen.

6. Alles unter die Broccoli-Mischung heben und in die Kastenform geben. Mit dem restlichen Blätterteig abdecken.

7. Im Backofen 45 Minuten backen. Anschließend erkalten lassen und in Scheiben geschnitten anrichten.

Vorbereitungszeit:	20 bis 25 Minuten
Backzeit:	45 Minuten
Kalorien pro Stück:	280 kcal

Unser Tipp: Die nächste Party kommt bestimmt und dann sollte dieser Broccoli-Kuchen nicht fehlen!

Broccoli-Kuchen mit Shrimps

**Zutaten für eine 26-cm-Springform
(ergibt ca. 12 Stück)**

Zutaten für den Teig:
200 g Mehl
60 g Margarine
125 ml Wasser
Salz
Semmelbrösel für die Form

Zutaten für den Belag:
700 g Staudensellerie
2 Zwiebeln
4 Eier
100 g süße Sahne
100 g geriebener Parmesan
Salz
weißer Pfeffer
Muskat

Zubereitung :

1. Die Springform gut einfetten und mit Semmelbröseln ausstreuen.

2. Das Mehl, die Margarine, ca. 125 ml Wasser und Salz zu einem Teig rühren und glatt kneten.

3. Den Boden und den Rand der Springform mit dem Teig dünn auslegen und gut andrücken. Dann die Springform in den Kühlschrank stellen.

4. Die Füllung vorbereiten: Den Sellerie putzen und in kleine Stücke schneiden, in einem halben Liter Salzwasser etwa 5-8 Minuten kochen und dann abtropfen lassen. In der Zwischenzeit die Zwiebeln schälen und zu kleinen Würfeln schneiden.

5. Den Backofen auf ca. 220° C vorheizen.

6. Für die Tortenfüllung die Eier mit der Sahne verquirlen, Salz, Pfeffer und Muskat dazugeben, die gewürfelten Zwiebeln, die Selleriestücke und den geriebenen Parmesan unterrühren und die Springform damit füllen.

7. Im Backofen auf der mittleren Schiene ca. 45 Minuten backen

Vorbereitungszeit:	25 Minuten
Backzeit:	45 Minuten
Kalorien pro Stück:	200 kcal

Unser Tipp: Ganz heiß serviert schmeckt diese Torte am besten. Kühlen können Sie mit einem frischen, trockenen Weißwein.

Feine Sellerietorte

**Zutaten für eine 26-cm-Springform
(für 6 Personen)**

Zutaten für den Teig:
10 g Hefe, 150 ml lauwarmes Wasser
200 g Mehl, Salz, 20 g Butter

Zutaten für den Belag:
2 Zwiebeln, 100 g Lauch
150 g durchwachsener, geräucherter Speck
1 EL Butterschmalz, 400 g Sauerkraut
200 g Schmand, 2 Eier , Salz, Pfeffer
gemahlener Kümmel
200 g fein geriebener Greyerzer Käse

Zubereitung :

1. Die Hefe im lauwarmen Wasser gehen lassen. Mit Mehl, Salz und Butter zu einem glatten Teig kneten. Den Teig bemehlen und 30 Minuten ruhen lassen.

2. Den Teig auf einer bemehlten Arbeitsfläche ausrollen und in der gefetteten und mit Semmelbröseln ausgestreuten Springform auslegen. Den Rand ca. 4 cm hoch formen. Weitere 10 Minuten in der Form gehen lassen.

3. Die Zwiebeln schälen und fein hacken. Den Lauch putzen, waschen und in etwa 1 bis 2 cm dicke Ringe, den Speck in kleine Würfel schneiden.

4. Die Zwiebeln im Butterschmalz leicht glasig garen. Den Lauch und das Sauerkraut dazugeben, etwas auflockern und mit ein wenig Wasser 15 Minuten bei mittlerer Hitze dünsten. In der Zwischenzeit braten Sie den Speck knusprig an.

5. Den Backofen auf 200° C vorheizen.

6. Schmand zusammen mit den Eiern verrühren und mit Salz, Pfeffer und Kümmel würzen. Den angebratenen Speck unter das Sauerkraut mischen.

7. Den Belag auf den Hefeteig geben und mit dem geriebenen Käse bestreuen.

8. Im Backofen ca. 30 Minuten auf der untersten Schiene backen. Hin und wieder prüfen, ob der Belag sich nicht zu dunkel verfärbt. Gegebenenfalls mit Alufolie abdecken. Nach dem Backen noch kurze Zeit ruhen lassen.

Zubereitungszeit:	60 Minuten
Backzeit:	30 Minuten
Kalorien pro Portion:	560 kcal

Unser Tipp: Dieser Sauerkrautkuchen ist eine sehr herzhafte Alternative zu Pizza oder Quiche und für kalte Wintertage bestens geeignet.

**Zutaten für eine 26-cm-Springform
(ergibt ca.12 Stück)**

Zutaten für den Teig:
250 g Mehl, Salz, 75 g Zucker
1 Ei, 125 g Butter

Zutaten für die Füllung:
250 g Rundkornreis
1 1/4 l Milch

200 g süße Sahne
Salz, 80 g Zucker
80 g Amaretti-Gebäck
50 g Zitronat, 50 g Orangeat
50 g gehackte Mandeln
6 Eigelb
1 Päckchen „Orange-back"
3 EL Grand Marnier (franz. Orangenlikör)
2 EL Sahne-Puddingpulver
Semmelbrösel für die Form

Zubereitung :

1. Aus Mehl, einer Prise Salz, Zucker, dem Ei und Butter-Flöckchen einen Mürbeteig kneten und 1 Stunde im Kühlschrank ruhen lassen.

2. In der Zwischenzeit den Reis mit Milch, Sahne, etwas Salz und etwa 40 g Zucker eine halbe Stunde bei schwacher Hitze quellen und anschließend abkühlen lassen.

3. Das Zitronat und Orangeat fein hacken, die Amaretti zerbröseln und mit den fein gehackten Mandeln vermischen.

4. 4 Eigelb, das Päckchen „Orange-back", den Grand Marnier und das Sahne-Puddingpulver in den Reis einrühren und die gehackte Mischung unterheben.

5. Den Backofen auf 175° C vorheizen.

6. Den Teig in eine gefettete und mit Semmelbröseln ausgestreute Springform legen und den Rand ausformen. Den Teigboden mit einer Gabel einstechen. Die Reismasse einfüllen und gleichmäßig verteilen. 2 Eigelb mit dem restlichen Zucker schaumig schlagen und über der Füllung gleichmäßig glatt streichen.

7. Den Kuchen ca. 60 Minuten backen.

8. Nach dem Abkühlen mit Puderzucker bestäuben.

Vorbereitungszeit:	40 Minuten
Backzeit:	60 Minuten
Kalorien pro Stück:	480 kcal

Unser Tipp: Rundkornreis ist für das hier beschriebene Rezept besonders gut geeignet. Nicht geeignet sind die herzhafteren Reissorten.

Reiskuchen mit Grand Marnier

**Zutaten für eine 28-cm-Form
(ergibt ca. 8 Stück)**

**Zutaten für den Teig:
500 g Mehl, 42 g frische Hefe
1 EL Zucker, 1 TL Salz
250 ml lauwarmes Wasser
4 EL Olivenöl**

**Zutaten für die Füllung:
1 Dose geschälte Tomaten
2 Auberginen, 2 Zwiebeln
1 rote Paprikaschote
1 kleines Glas Oliven
200 g saure Sahne, Salz, Pfeffer
125 g geriebener Butterkäse**

Zubereitung :

1. Die Hefe in lauwarmem Wasser verrühren und in einer Schüssel mit dem Mehl vermischen. Mit Öl, Salz und Zucker zu einem glatten Teig kneten. Den Teig zugedeckt an einem warmen Ort 30 Minuten gehen lassen. Danach noch einmal kräftig durcharbeiten und auf einer bemehlten Arbeitsfläche ausrollen.

2. Eine feuerfeste Form fetten und mit dem Teig auskleiden.

3. Den Backofen auf 175° C vorheizen.

4. Die Tomaten abtropfen lassen, in kleine Stücke schneiden und auf dem Teigboden verteilen.

5. Die Auberginen putzen, waschen und in Scheiben schneiden. Die Scheiben leicht salzen und zum Entwässern in ein Sieb legen. Anschließend die Auberginen trockentupfen.

6. Die Zwiebeln schälen und ebenfalls in Scheiben schneiden. Auberginen und Zwiebeln auf dem mit den Tomatenstücken belegten Teigboden auslegen.

7. Die Paprikaschote waschen, halbieren, entkernen und die Hälften in Streifen schneiden. Die Hälfte der Oliven in Scheibchen schneiden. Die Paprikastreifen und die Oliven (die Scheiben und die ganzen Früchte) in der Form verteilen.

8. Die saure Sahne glatt rühren und kräftig mit Salz und Pfeffer würzen. Den geriebenen Butterkäse einrühren und das Gemisch über dem Gemüse verteilen.

9. Den Auberginen-Kuchen auf mittlerer Schiene 50 Minuten backen.

Vorbereitungszeit:	**40 Minuten**
Backzeit:	**50 Minuten**
Kalorien pro Stück:	**420 kcal**

Unser Tipp: Größere Auberginen, die eine feste Außenhaut haben, sollten Sie vor der Zubereitung schälen.

Auberginen-Kuchen

85

Zutaten für eine 26-cm-Springform mit Rohrbodeneinsatz:

100 g Walnusskerne
2 Zucchini (ca. 400 g)
3 Eier, 250 g Zucker
1 Päckchen Vanillezucker
Salz, 150 ml Sonnenblumenöl
350 g Mehl, 2 TL Backpulver
1 TL Zimt, 150 g süße Sahne
1 Schokoladenglasur
25 g Pistazien

Außerdem:
Margarine und 2 EL Semmelbrösel für die Form

Zubereitung:

1. Die Walnusskerne grob hacken. Einige schöne Nüsse bzw. Nusshälften ungehackt für die spätere Verzierung zur Seite legen. Die Zucchini putzen, waschen und grob raspeln.

2. Den Backofen auf 175° C vorheizen.

3. Eier, Zucker, Vanillezucker und eine Prise Salz mit dem Handmixer schaumig schlagen. Nach einigen Minuten das Sonnenblumenöl langsam zugießen. Dann das Mehl zusammen mit dem Backpulver und dem Zimt einrühren.

4. Die Zucchiniraspel ausdrücken und zusammen mit den gehackten Walnüssen unter den Teig heben. Den fertigen Teig in die gut gefettete und mit Semmelbröseln ausgestreute Form geben.

5. Im Backofen auf mittlerer Schiene 1 Stunde backen.

6. Den Kuchen aus der Form nehmen, auf einem Kuchengitter auskühlen lassen und dann die Schokoladenglasur darüber gießen. Die Kuchenoberfläche mit den halben Walnusskernen und den Pistazien dekorieren, solange die Glasur noch nicht erstarrt ist.

Vorbereitungszeit:	30 Minuten
Backzeit:	60 Minuten
Kalorien pro Stück:	460 kcal

Unser Tipp: Dieser „etwas andere" Zucchini-Kuchen ist zwar nicht gerade kalorienarm. Gönnen Sie sich aber trotzdem dazu eine Portion Schlagsahne! Die macht sich auch optisch hervorragend zum dunklen Kuchen.

**Zutaten für eine 26-cm-Springform
(ergibt ca. 12 Stück)**

Zutaten für den Teig:
1 kg Rhabarber
150 g Margarine
150 g Zucker
Salz, 1 Päckchen Vanillezucker
3 Eigelb, 250 g Mehl

2 EL Backpulver, 3 EL Schlagsahne

Zutaten für den Belag:
3 Eiweiß
150 g Zucker
4 EL Kokosraspel

Außerdem:
Margarine für die Form

Zubereitung :

1. Den Rhabarber putzen, waschen und in 2-3 cm lange Stücke schneiden.

2. Den Backofen auf 175° C vorheizen.

3. Die Margarine, den Zucker, eine Prise Salz und den Vanillezucker mit dem Handrührgerät so lange schlagen, bis sich der Zucker aufgelöst hat. Nacheinander die Eigelbe einrühren und schaumig schlagen. Das Backpulver zum Mehl geben und in den Schaumteig sieben. Zum Schluss die Schlagsahne einrühren.

4. Die Backform ausfetten und den Teig einfüllen. Die Rhabarberstücke darauf legen und mit Zucker bestreuen.

5. Im Ofen ca. 40 Minuten auf mittlerer Schiene backen.

6. In der Zwischenzeit die Eiweiße mit dem Zucker steif schlagen, 3 EL Kokosraspel unterheben und die Masse mit einem Spritzbeutel auf den heißen Kuchen spritzen. Die restlichen Kokosraspel darüber streuen und weitere 15 Minuten backen.

Vorbereitungszeit:	30 Minuten
Backzeit:	55 Minuten
Kalorien pro Stück:	330 kcal

Unser Tipp: Die Torte sollte möglichst frisch verzehrt werden. Das Baiser nimmt leicht Feuchtigkeit aus der Luft auf, fällt dann etwas in sich zusammen und wird zäh.

Große Rhabarbertorte

Zutaten für ca. 16 Törtchen

Zutaten für den Teig:
500 g Mehl, 42 g frische Hefe
125 ml lauwarme Milch
50 g Zucker, 1 Ei, Salz
200 g Margarine, etwas Mehl

Zutaten für den Belag:
750 g Rhabarber, Zucker
Zimt, 1 Ei

Zubereitung:

1. Den Rhabarber putzen, waschen und in kleine Stücke schneiden.

2. Das Mehl in eine Schüssel sieben und in die Mitte eine Mulde drücken. Die Hefe hineinbröckeln und mit etwas Milch und einem TL Zucker zu einem Vorteig verrühren. An einem warmen Ort 15 Minuten gehen lassen.

3. Anschließend die restliche Milch, den Zucker, das Ei, eine Prise Salz und Margarine-Flöckchen dazugeben und zu einem glatten Teig kneten. Weitere 30 Minuten gehen lassen.

4. Auf einer bemehlten Arbeitsfläche den Hefeteig ungefähr 1 cm dick ausrollen und Kreise mit ca. 10 cm Durchmesser ausstechen.

5. Die Teigkreise auf ein mit Backpapier ausgelegtes Backblech geben. Einen kleinen Tortenrand formen und die Törtchen mit den Rhabarberstücken füllen. Zucker und Zimt darüber streuen und nochmals 15 Minuten gehen lassen.

6. In der Zwischenzeit den Backofen auf 250° C vorheizen.

7. Das Ei verquirlen und damit die Teigränder bestreichen. Die Törtchen 15 Minuten auf mittlerer Schiene backen.

Vorbereitungszeit: 60 Minuten
Backzeit: 15 Minuten
Kalorien pro Stück: 210 kcal

Unser Tipp: Dieselbe Teigmenge verträgt auch mehr Rhabarber, z. B. 1 kg. Wem es dann zu sauer wird, der sollte sein Törtchen mit einer schönen Haube Schlagsahne versehen.

**Zutaten für eine 26-cm-Springform
(5-6 Personen)**

**1,5 kg Spargel
Zucker, Salz
1 TL Butter
300 g Blätterteig, am besten tiefgefroren
Mehl zum Ausrollen**

**200 g magerer, gekochter Schinken
4 Eigelbe
250 ml Schlagsahne
weißer Pfeffer aus der Mühle
100 g geriebener Greyerzer Käse
2 EL Semmelbrösel**

Zubereitung:

1. Den Blätterteig auftauen lassen.

2. Den Spargel schälen und im leicht kochenden Salzwasser mit einer Prise Zucker und einem TL Butter 10 Minuten kochen, dann aus dem Sud nehmen und auf einem Küchentuch trocknen.

3. Den Backofen auf 225° C vorheizen.

4. Inzwischen den Teig auf einer leicht bemehlten Arbeitsfläche ausrollen. Die Springform mit kaltem Wasser benetzen (damit der Teig später besser aufgeht) und mit dem Teig auskleiden.

5. Den Spargel in die Form geben und den in kurze Streifen geschnittenen Schinken darüber streuen.

6. Die Eigelbe mit Sahne verquirlen, den Käse untermengen, mit etwas Salz und frisch gemahlenem Pfeffer würzen und über die Füllung gießen. Zum Schluss mit Semmelbröseln bestreuen.

7. Im Backofen 45 Minuten backen.

Vorbereitungszeit: 40 Minuten
Backzeit: 45 Minuten
Kalorien pro Portion: 540 kcal (bei 6 Personen)

Unser Tipp: Die Spargelmenge, die Sie hier benötigen, liefert genügend Spargelschalen für eine feine Spargelcremesuppe, die Sie auch noch am nächsten Tag zubereiten können (den Sud mitverwenden und die Spargelschalen darin auskochen!).

Zutaten für eine 26-cm-Kuchenform (ergibt ca. 12 Stück)

250 g Kastanienmehl (in italienischen Feinkostgeschäften erhältlich)
1 TL Salz, 2–3 EL Zucker
4 EL Olivenöl
3 EL Rosinen
50 g Pinienkerne
1/2 l Wasser
2 EL Semmelbrösel
5 kleine Rosmarinzweige
max. 100 g gekochte Maronen (Esskastanien)

Zubereitung:

1. Das Kastanienmehl in eine Schüssel sieben, langsam Wasser einrühren und dann kräftig durchkneten. Salz, Zucker, Olivenöl, 2 EL Rosinen und ca. 40 g Pinienkerne dazugeben und einarbeiten.

2. Backofen auf 200° C vorheizen.

3. Die Kuchenform mit Olivenöl fetten, mit Semmelbröseln ausstreuen und den Teig hineingeben. Auf der Teigoberfläche die restlichen Rosinen und Pinienkerne verteilen. Zur Dekoration mit Rosmarinzweigen belegen und die Maronen darauf setzen.

4. Den Kuchen ca. 20-25 Minuten hellbraun backen. Nach Ablauf der Backzeit den Ofen ausschalten und den Kuchen weitere 20-25 Minuten darin stehen lassen.

Vorbereitungszeit:	20 Minuten
Backzeit:	25 Minuten (+25 Minuten Ruhezeit)
Kalorien pro Stück:	150 kcal

Unser Tipp: Die mehlig-trockenen Maronen sind nicht jedermanns Geschmack und nur als Dekoration vielleicht zu teuer. Der Kuchen verliert nicht an Qualität, wenn Sie die Maronen ganz weglassen.

Mangoldtaschen

Zutaten für 16 Stück

**2 Pakete (à ca. 450 g)
tiefgefrorener Blätterteig
1 große Mangoldstaude
250 g Emmentaler
2 Zwiebeln
50 g Butter
1 Eigelb
Salz
weißer Pfeffer
Muskat**

Zubereitung :

1. Den Mangold waschen, die Stiele abtrennen und in kurze Stücke, die Blätter in schmale Streifen schneiden.

2. Die Zwiebeln schälen, in feine Würfel schneiden und mit den Mangoldstielen in Butter garen. Nach 10 Minuten die Mangoldblätter dazugeben und weitere 5 Minuten garen.

3. Die aufgetauten Blätterteigscheiben in jeweils 2 bis 3 gleich große Teile schneiden.

4. Den grob geriebenen Emmentaler mit dem Mangoldgemüse vermengen und mit Salz, Pfeffer und Muskat würzen. Jeweils 1 EL der Mangold-Käse-Masse auf die Blätterteigscheiben geben und zu einer Tasche zusammenklappen. Es empfiehlt sich, die Kanten mit Wasser zu befeuchten, damit der Teig gut zusammenhält.

5. Die Taschen auf ihrer Oberseite mit Eigelb bestreichen.

6. Das Backblech mit Backpapier auslegen und mit Wasser benetzen, damit der Teig gut aufgeht. Dann die Mangoldtaschen darauf legen. Im vorgeheizten Backofen 15 bis 20 Minuten bei 200° C backen.

Vorbereitungszeit:	30 Minuten (nach dem Auftauen des Teiges)
Backzeit:	20 Minuten
Kalorien pro Stück:	320 kcal

Unser Tipp: Essen Sie die Mangold-Taschen ganz frisch, am besten noch warm.

Zutaten für 10 Portionen

Zutaten für den Teig:
125 g Magerquark
50 ml Milch
50 ml Sonnenblumenöl
2 Eier, 1 Prise Salz
250 g Mehl
1 Päckchen Backpulver

Zutaten für die Füllung:
200 g Blumenkohl, 200 g Broccoli
3 Karotten, 1 Kohlrabi
1/2 kleine Dose Mais
100 g Emmentaler
100 g Nussmischung, 50 g Butter
Mehl, Kondensmilch
Salz, Pfeffer
italienische Kräuter mit Oregano

Zubereitung:

1. Den Quark mit der Milch verrühren. Anschließend geben Sie das Öl, die Eier und etwas Salz hinzu. Zuletzt das Backpulver mit dem Mehl vermengen und einarbeiten.

2. Den Teig kneten. Arbeitsfläche bemehlen und den Teig auf die Größe 30 x 40 cm ausrollen.

3. Putzen und waschen Sie das Gemüse. Blumenkohl- und Broccoliröschen von ihren dicken Stengeln ablösen und zerkleinern. Die Karotten und den Kohlrabi in dünne Scheiben schneiden.

4. Den Blumenkohl, den Broccoli, die Karotten und den Kohlrabi getrennt jeweils 2-4 Minuten in kochendem Wasser blanchieren. Das Gemüse abseihen und auf einer Lage saugfähigem Papier von der Küchenrolle trocknen. Den Mais abtropfen lassen.

5. Das Gemüse und einen Teil der Nussmischung in einer Schüssel vermengen und mit Salz, Pfeffer und den italienischen Kräutern würzen. Die restlichen Nüsse für die spätere Verzierung des Strudels aufheben.

6. Bestreichen Sie den Teig mit flüssiger Butter und verteilen Sie die Gemüsefüllung gleichmäßig darauf. Die Ränder sollen etwa 2 Finger breit frei bleiben. Die Masse mit der Hälfte des geriebenen Käses bestreuen.

7. Jetzt schlagen Sie die Ränder der langen Seiten ein und rollen den Teig von der Breitseite her auf. Die Rolle mit der Naht nach unten auf ein Blech mit Backpapier legen.

8. Die Rolle mit Butterflocken, geriebenem Käse und den restlichen Nüssen bestreuen.

9. Auf mittlerer Schiene in dem auf 175° C vorgeheizten Backofen (Umluft 160° C) 30-40 Minuten backen. Zwischendurch mit etwas Kondensmilch bestreichen.

Vorbereitungszeit:	30 Minuten
Backzeit:	30-40 Minuten
Kalorien pro Portion:	330 kcal

Zutaten für 8 Taschen

4 Blätterteigplatten aus der Tiefkühltruhe
200 g Allgäuer Emmentaler
200 g Speck
1 Zwiebel
500 g Sauerkraut
2 Eier, 1 Eigelb
schwarzer Pfeffer
Kümmel
Mehl

Zubereitung:

1. Die gefrorenen Blätterteigplatten auftauen lassen.

2. Den Käse und den Speck klein würfeln. Die Zwiebel schälen und klein hacken.

3. Den Speck im eigenen Fett in der Pfanne auslassen. Die Zwiebel dazugeben und glasig werden lassen. Anschließend mit dem Sauerkraut vermischen und 15 Minuten in der abgedeckten Pfanne dünsten. Danach vom Herd nehmen und etwas abkühlen lassen.

4. Den Backofen auf 200° C vorheizen.

5. Die Sauerkraut-Masse in einer Schüssel mit den Eiern und dem Käse vermischen und mit Kümmel und schwarzem Pfeffer würzen.

6. Die aufgetauten Blätterteigplatten auf einer bemehlten Platte ausrollen und in 8 Quadrate (ergibt jeweils ca. 10 cm Kantenlänge) schneiden. Die Füllung jeweils in die Mitte eines Quadrats geben, die Ecken darüber schlagen und mit dem verquirlten Eigelb bestreichen.

7. Auf einem mit Backpapier ausgelegten und mit kaltem Wasser benetzten Backblech auf der mittleren Schiene ca. 15-20 Minuten backen.

Vorbereitungszeit:	25 Minuten
Backzeit:	15-20 Minuten
Kalorien pro Stück:	400 kcal

Unser Tipp: Sollten wider Erwarten einige Sauerkraut-Taschen übrig bleiben, so können Sie diese sehr gut einfrieren.

Pikante Sauerkraut-Taschen

Gefüllte Kartoffelrollen

Zutaten für 4 Personen

700-800 g Kartoffeln, Salz
100 g Kartoffelstärke, 2 Eigelb
weißer Pfeffer, Muskat
50 g Semmelbrösel
1 mittelgroße Zwiebel
500 g Hackfleisch, 2 Eier
1 Bund gehackte Petersilie
1 TL Majoran
1 TL gemahlener Kümmel
100 g Butter
50 g Sesam

Zubereitung:

1. Die Kartoffeln waschen, dämpfen, schälen und durch eine Kartoffelpresse drücken. Zusammen mit der Stärke und dem Eigelb zu einem Teig kneten und mit Salz, Pfeffer und Muskat würzen. Den Teig in acht gleich große Stücke teilen.

2. Die Arbeitsfläche mit Semmelbröseln bestreuen und die 8 Teigstücke zu rechteckigen, ca. 5 mm dünnen Platten ausrollen.

3. Den Backofen auf 200° C vorheizen.

4. Die Zwiebel schälen und fein hacken. Das Hackfleisch mit den Zwiebelwürfelchen, den Eiern, der Petersilie, dem Kümmel und dem Majoran verkneten und in einer Pfanne ca. 7-10 Minuten anbraten.

5. Die Hackfleischmasse etwas auskühlen lassen, danach gleichmäßig auf die Teigplatten verteilen und diese zusammenrollen.

6. Die Kartoffelrollen nun in eine gefettete, feuerfeste Form geben, so dass sie auf der „Naht" liegen. Die Butter zergehen lassen, die Rollen damit bestreichen und mit Sesam bestreuen. Ca. 30 Minuten auf der mittleren Schiene backen.

Vorbereitungszeit:	40 Minuten
Backzeit:	30 Minuten
Kalorien pro Portion:	430 kcal

Unser Tipp: Verwenden Sie glatte Petersilie zum Würzen. Sie hat wesentlich mehr Aroma als Krauspetersilie, die eher zum Garnieren geeignet ist.

Bohnen-Käse-Taschen

Zutaten für 4 Personen

400 g frische Bohnen
1 Zwiebel
150 g Cocktailtomaten
25 g Butter
Salz

Orangenpfeffer
200 g Landana (Holl. Schnittkäse)
1 Bund Schnittlauch
4 Platten tiefgefrorener Blätterteig
etwas Mehl, 1 Eigelb
2-3 Stängel Bohnenkraut
125 ml Weißwein

Zubereitung:

1. Die Bohnen putzen und waschen. Die Zwiebel schälen und klein würfeln. Die Tomaten putzen, waschen und anschließend vierteln.

2. Butter in einer Pfanne erhitzen und die Zwiebel darin andünsten. Die Bohnen dazugeben und mit Salz und Orangenpfeffer würzen. Anschließend etwas abkühlen lassen.

3. Den Käse reiben und den Schnittlauch in feine Röllchen schneiden.

4. Den Blätterteig auftauen lassen und auf einer bemehlten Arbeitsfläche zu Rechtecken ausrollen. Die Blätterteig-Rechtecke in 8 kleine Quadrate schneiden.

5. Den Backofen auf 175° C vorheizen.

6. Die Bohnen mit den Tomatenvierteln, dem Käse und dem Schnittlauch vermengen. Jeweils in die Mitte der Blätterteig-Quadrate einen Klacks der Masse geben, so dass die Ecken frei bleiben.

7. Das Eigelb mit einem Esslöffel kaltem Wasser verquirlen und die Ränder der Teigquadrate damit bestreichen. Die vier Ecken eines Quadrats zur Mitte klappen und die Ränder fest andrücken. Zum Schluss die Teigtaschen mit etwas Eigelb bestreichen, damit sie sich beim Backen schön goldgelb färben.

8. Die Taschen auf ein mit Backpapier ausgelegtes und mit kaltem Wasser benetztes Blech legen und auf mittlerer Schiene ca. 15 Minuten backen.

Vorbereitungszeit:	20 Minuten
Backzeit:	15 Minuten
Kalorien pro Portion:	360 kcal

Unser Tipp: Die Bohnen-Käse-Taschen lassen sich sehr gut einfrieren.

Broccoli-Lachs-Taschen

Zutaten für 6 Taschen

Zutaten für den Teig:
250 g Mehl, Salz
2 Eigelb, 3 EL kaltes Wasser
100 g Butter

Zutaten für die Füllung:
300 g Broccoli, Salz
weißer Pfeffer aus der Mühle, Curry
250 g Frischkäse, 1 EL Zitronensaft
1 Schalotte, 50 g Räucherlachs
1 Eigelb

Zubereitung:

1. Aus Mehl, Salz, Eigelb, Wasser und Butterflocken einen Mürbeteig zubereiten. Den Teig in Alufolie gewickelt ca. 1 Stunde im Kühlschrank ruhen lassen.

2. Den Broccoli putzen, waschen und abtropfen lassen. Die Stiele in kleine Stücke schneiden, die Köpfe in kleine Röschen zerteilen. In Salzwasser 3 Minuten garen und anschließend gut abtropfen lassen.

3. Den Backofen auf 200° C vorheizen.

4. Die Schalotte schälen und fein würfeln, mit dem Frischkäse und dem Zitronensaft verrühren und mit Salz, Pfeffer und Curry würzen. Die Lachsscheiben in kleine Quadrate schneiden und zusammen mit dem Broccoli unterheben.

5. Den Teig auf einer bemehlten Arbeitsfläche ausrollen und in 6 gleich große, runde Teigscheiben teilen. Jeweils auf die Mitte einer Scheibe etwas Füllung geben, umschlagen, so dass halbkreisförmige Taschen entstehen. Die Ränder mit einer Gabel fest zusammendrücken und die Oberseiten der Taschen mit Eigelb bestreichen.

6. Die Teigtaschen auf ein mit Backpapier ausgelegtes Blech legen und auf der mittleren Schiene ca. 20-25 Minuten goldgelb backen.

Vorbereitungszeit: 25 Minuten
Backzeit: 20 Minuten
Kalorien pro Stück: 210 kcal

Unser Tipp: Wenn Sie den Broccoli vor dem Waschen für 5 Minuten in Salzwasser legen, vertreiben Sie ohne viel Arbeit die unerwünschten Bewohner.

Zutaten für 16 Stück

1 Packung tiefgefrorener Blätterteig
etwas Mehl
500 g Champignons
200 g durchwachsener Speck
1 mittelgroße Zwiebel
2 Eigelb
100 ml süße Sahne
1 Bund Petersilie
Salz
Pfeffer

Zubereitung:

1. Die Champignons waschen, putzen und klein schneiden. Den Speck in kleine Würfelchen schneiden. Die Zwiebel schälen und fein hacken.

2. Champignons, Speck und Zwiebel zusammen in der Pfanne anbraten. Die Sahne darüber gießen und einkochen lassen. Mit Salz, Pfeffer und der gehackten Petersilie abschmecken.

3. Den Backofen auf 175° C vorheizen.

4. Den Blätterteig auftauen lassen, auf einer bemehlten Arbeitsfläche ausrollen und in ca. 16 kleine, runde Teigscheiben teilen.

5. Jeweils auf die Mitte einer Scheibe etwas Füllung geben, umschlagen, so dass halbkreisförmige Taschen entstehen. Die Ränder mit einer Gabel fest zusammendrücken und die Oberseiten der Taschen mit Eigelb bestreichen.

6. Die Blätterteigtaschen auf einem mit Backpapier ausgelegten Blech auf mittlerer Schiene 15 Minuten backen.

Vorbereitungszeit:	25 Minuten
Backzeit:	15 Minuten
Kalorien pro Stück:	220 kcal

Unser Tipp: Damit der Blätterteig besser aufgeht, sollten Sie das Backblech und das Backpapier immer mit etwas Wasser benetzen.

Champignon-Taschen

Zutaten für 6 Personen

200 g Mehl
2 Eier
30 ml Öl
Salz
100 ml Wasser
600 g Kartoffeln
2 Bund glatte Petersilie
50 ml saure Sahne
50 ml Schmand
Pfeffer
Muskat

Zubereitung:

1. Die Kartoffeln ca. 15 Minuten dämpfen.

2. In der Zwischenzeit aus Mehl, Eiern, Öl, Salz und 100 ml lauwarmem Wasser einen Teig kneten. Anschließend 30 Minuten ruhen lassen.

3. Den Backofen auf 175° C vorheizen.

4. Auf einem bemehlten Küchentuch den Teig zu einem großen Rechteck ziehen.

5. Die Kartoffeln pellen und in kleine, ca. 1 bis 2 cm große Würfel schneiden und auf dem Teig verteilen. Die Petersilienblätter von den Stängeln abzupfen und zusammen mit der sauren Sahne und dem Schmand darüber geben. Mit Salz, Pfeffer und Muskat würzen.

6. Den Strudel vorsichtig von der langen Seite her aufrollen und auf ein gefettetes Backblech legen. Auf mittlerer Schiene ca. 15 Minuten backen.

7. Den Strudel in dicke Scheiben geschnitten servieren. Wer mag, kann noch mit etwas Petersilie garnieren.

Zubereitungszeit:	30 Minuten
Backzeit:	15 Minuten
Kalorien pro Portion:	350 kcal

Unser Tipp: Die hier angegebenen Portionen reichen, um den Strudel als Hauptspeise zu servieren. Er passt aber auch ganz hervorragend als Beilage zu Fleisch oder Fisch.

Zutaten für 4 Personen

150 g Grünkern
Salz
12 große Champignons
2 Bund Petersilie
100 g Salami
150 g Parmesan
2 Eier
Pfeffer
Gewürzsalz
100 g Crème fraîche

Zubereitung:

1. Grünkern in kochendes Salzwasser geben und 30 Minuten garen, anschließend gut abtropfen lassen.

2. Die Champignons waschen und putzen. Die Stiele herausdrehen und in kleine Würfel schneiden. Die Köpfe zum Füllen beiseite legen.

3. Die Petersilie waschen, abtropfen lassen und fein hacken.

4. Den Backofen auf 200° C vorheizen.

5. Die Salami und den Parmesankäse in kleine Würfel schneiden. Zusammen mit dem Grünkern, den Champignon-Würfelchen, der Petersilie und den Eiern vermischen, pfeffern und mit dem Gewürzsalz verfeinern. Zum Schluss die Crème fraîche dazugeben.

6. Die Champignonköpfe mit der Masse füllen, in eine gefettete Backform setzen und ca. 30 Minuten überbacken.

Vorbereitungszeit: 40 Minuten
Backzeit: 30 Minuten
Kalorien pro Stück: 170 kcal

Unser Tipp: Gefüllte Champignons – insbesondere wenn sie nicht allzu groß sind – eignen sich auch gut als Vorspeise oder als Party-Häppchen.

Gefüllte Champignons

Zutaten für 4 Personen

20 bis 40 kleine, frische Karotten
250 ml Gemüsebrühe
1 TL Zucker
25 g Butter
10 dünne Scheiben gekochter Schinken
200 g mittelalter Gouda, in 20 Scheiben
geschnitten

Zubereitung:

1. Die Karotten waschen und putzen, dabei die Stielansätze auf ca. 2 cm Länge stehen lassen!

2. Butter und etwas Zucker in die kochende Gemüsebrühe geben und die Möhren 12 Minuten darin garen. Anschließend die Möhren entnehmen und trocknen.

3. Den Backofen auf 200° C vorheizen.

4. Je nach Größe der Karotten eine oder zwei mit je einer halben Schinkenscheibe und einer Scheibe Gouda umwickeln und in eine gefettete, flache Form schichten.

5. Die ummantelten Karotten auf mittlerer Schiene 10 Minuten backen.

Vorbereitungszeit:	20 Minuten
Backzeit:	10 Minuten
Kalorien pro Stück	60 kcal

Unser Tipp: Ein herrlich schnelles Gericht, das Sie auch noch mit etwas Oregano oder Thymian (direkt auf die Karotten geben) verfeinern können.

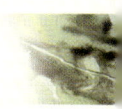

Zutaten für 5 Personen

5 mittelgroße Kartoffeln
schwarzer Pfeffer aus der Mühle
Salz
150 g Möhren
1 kleine Dose Mais
1 kleine Zucchini
1/2 kleiner Blumenkohl

150 g Broccoli
je 1/2 gelbe, grüne und rote Paprikaschote
100 g Camembert
100 g Edelpilzkäse
125 g Mozzarella
100 g junger Gouda

Zubereitung:

1. Die Kartoffeln ca. 20 Minuten dämpfen.

2. Blumenkohl, Broccoli, Zucchini und Möhren waschen und putzen. Den Blumenkohl und Broccoli in kleine Röschen zerteilen. Die Möhren und Zucchini in kleine Scheibchen schneiden. Im Salzwasser 5-7 Minuten kochen lassen und anschließend abseihen.

3. Die halben Paprika- schoten in Streifen schneiden und bunt mischen. Den Mais abseihen.

4. Den Backofen auf 200° C vorheizen.

5. Die Kartoffeln halbieren und ein wenig aus- höhlen. Jeweils 2 Kartoffelhälften mit einer Gemüsesorte füllen und leicht salzen und pfeffern. Geben Sie etwas Zucchini zu den Möhren und zum Paprika. Das sieht farblich sehr nett aus und lässt die Kartoffeln etwas saftiger werden. Nun die gefüllten Kartoffelhälften nach Belieben mit verschiedenen Käsesorten belegen.

6. Ein Backblech mit Öl bestreichen und die Kartoffeln darauf setzen. Ca. 10-15 Minuten überbacken.

Vorbereitungszeit:	25 Minuten
Backzeit:	10 Minuten
Kalorien pro Portion:	470 kcal

Unser Tipp: Besonders gut schmeckt dieses Gericht im Frühjahr mit neuen Kartoffeln. Und als i-Tüpfelchen servieren Sie dazu ein paar Schweine- medaillons.

Zutaten für 4 Personen

300 g Blätterteig
400 g weißer oder grüner Spargel
100 g gekochter, magerer Schinken
200 g frischer Blattspinat (kein tiefgefrorener)
100 g Emmentaler gerieben
30 g Sesam, ungeschält
2 Eier

Zubereitung:

1. Backofen auf 225° C vorheizen.

2. Den Spargel schälen und im leicht kochenden Salzwasser mit einer Prise Zucker und einem TL Butter 10 Minuten kochen, dann aus dem Sud nehmen und auf einem Küchentuch trocknen.

3. Inzwischen den Blätterteig auf einer leicht bemehlten Arbeitsfläche ausrollen. Für je eine Spargelstange einen Teigmantel und eine darauf passende Schinkenscheibe zurechtschneiden.

4. Den Teigmantel der Reihenfolge nach mit Schinken, Käse und den Spinatblättern belegen. Obenauf eine Spargelstange geben. Den überstehenden Teigrand mit Eigelb bestreichen und zusammenrollen. Die Teigröllchen nochmals mit Eigelb bepinseln und mit Käse und Sesam bestreuen.

5. Das Backblech mit Backpapier auslegen, die Röllchen darauf verteilen und im Backofen auf der mittleren Schiene ca. 15 Minuten goldgelb backen.

Vorbereitungszeit: 25 Minuten
Backzeit: 15 Minuten
Kalorien pro Portion: 550 kcal

Unser Tipp: Sehen Sie sich beim Kauf des Spargels die Schnittstellen an. Sie dürfen nicht holzig oder gar aufgerissen sein, sondern müssen saftig aussehen. Nur dann ist der Spargel wirklich frisch.

Zutaten für 4 Personen

1 großer Blumenkohl
Salz
3 Eier
125 ml Wasser
125 ml Weißwein
150 g Mehl
Muskat
Frittier-Öl

Zubereitung:

1. Den Blumenkohl putzen, mit heißem Wasser abbrausen und in kleine Röschen schneiden. Im Salzwasser ca. 5 Minuten garen und anschließend abseihen.

2. Aus Mehl, den Eigelben, 125 ml Wasser und dem Wein einen dünnflüssigen Teig rühren. Mit Salz und Muskat würzen und einige Minuten ruhen lassen. In der Zwischenzeit die Eiweiße steif schlagen und anschließend vorsichtig unter den Weinteig heben.

3. In der Fritteuse oder in einer tiefen Pfanne das Öl erhitzen. Die Blumenkohl-Röschen in den Weinteig eintauchen, überschüssigen Teig abtropfen lassen und einige Minuten im heißen Fett frittieren.

4. Die fertigen Röschen im Backofen (auf Küchenpapier) warm halten.

Zubereitungszeit: 45 Minuten
Kalorien pro Portion: 230 kcal

Unser Tipp: Anstelle von Blumenkohl können Sie auch andere Gemüsearten wie Broccoli, Karotten oder Kohlrabi verwenden. Oder noch besser: Wenn Sie Gäste haben, nehmen Sie mehrere Gemüsearten gleichzeitig. Das bringt Abwechslung in Ihre Gemüse-Häppchen.

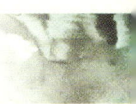

Blumenkohl in Weinbackteig

Zutaten für 4 Personen

4 rote Paprikaschoten
1 Dose Champignons
1 mittelgroße Zwiebel
100 g durchwachsener Speck
200 g Hackfleisch
Margarine

1/2 EL Sojasoße
2 EL Tomatenmark
200 g saure Sahne
100 g Emmentaler, gerieben
1 Bund Petersilie
Salz
weißer Pfeffer

Zubereitung:

1. Die Paprikaschoten unterhalb des Stielansatzes durchschneiden, so dass man die „Deckel" abnehmen kann. Entkernen, waschen und 5 Minuten im Salzwasser kochen. Anschließend trocknen lassen.

2. Das Hackfleisch in einer Pfanne kurz anbraten, bis es „fast durch" ist.

3. Den Backofen auf 200° C vorheizen.

4. Die Champignons waschen, putzen und klein schneiden. Die Zwiebel schälen und klein hacken. Den Speck in kleine Würfel schneiden und in einer Pfanne glasig dünsten.

5. Die Zwiebel zugeben und leicht anbräunen. Anschließend die Champignons und das Hackfleisch sowie etwas gehackte Petersilie dazugeben und gut durchbraten. Mit Salz und Pfeffer würzen.

6. Die Paprikaschoten mit der Masse gleichmäßig füllen und in eine gebutterte, feuerfeste Form stellen.

7. Die Sojasoße, das Tomatenmark, die Sahne und den Emmentaler zusammen verrühren und die Mischung über die gefüllten Paprikaschoten geben.

8. Im Backofen auf mittlerer Schiene 25 Minuten garen.

Zubereitungszeit:	30 Minuten
Backzeit:	25 Minuten
Kalorien pro Portion:	510 kcal

Unser Tipp: Als Beilage eignen sich Reis oder bunte Nudeln, auf denen Sie die gefüllten Paprikaschoten dekorativ anrichten können.

Zutaten für 4 Personen

Zutaten für den Teig:
150 g Mehl, 6 Eier
150 ml Milch, Salz, weißer Pfeffer

Zutaten für die Füllung:
600 g Blattspinat
Muskat, Salz
1 Zwiebel, 1 Knoblauchzehe
2 EL Olivenöl, 200 g Feta-Käse
4 EL Butter
50 g geriebener Parmesankäse

Zubereitung:

1. Das Mehl, die Eier, die Milch, ein wenig Salz und Pfeffer zu einem Teig verrühren und einige Minuten ruhen lassen.

2. Den Spinat putzen, waschen und gut abtropfen lassen. Die Zwiebel und die Knoblauchzehe schälen und fein hacken.

3. Die Zwiebel in Olivenöl kurz glasig garen, den Spinat dazugeben, etwas andünsten lassen (bis er zusammenfällt) und anschließend mit Salz, Pfeffer und Muskat herzhaft würzen.

4. Den Feta-Käse in Würfel schneiden.

5. Den Backofen auf 225° C vorheizen.

6. In einer leicht gefetteten Pfanne aus dem vorbereiteten Teig ca. 5-7 Pfannkuchen ausbacken.

7. Den Feta-Käse zusammen mit dem Spinat gleichmäßig auf die Pfannkuchen verteilen und einrollen. Die Pfannkuchen in ca. 2 cm dicke Scheiben schneiden und in eine gefettete, feuerfeste Form schichten.

8. Den Parmesan darüber reiben und ca. 15 Minuten überbacken.

Vorbereitungszeit:	40 Minuten
Backzeit:	15 Minuten
Kalorien pro Portion:	570 kcal

Unser Tipp: Anstelle von frischem Blattspinat können Sie auch tiefgefrorenen verwenden. Dann wäre es aber gut, wenn Sie den Spinat schon am Vortag im Kühlschrank langsam auftauen lassen.

Gerollte Spinat-Pfannkuchen

Zutaten für 3 Personen

3 größere Brötchen
schwarzer Pfeffer aus der Mühle
Salz, 125 g Möhren
1 kleine Dose Mais
1 kleine Zucchini
1/2 kleiner Blumenkohl
150 g Broccoli
je 1/2 gelbe, grüne und rote Paprikaschote
100 g Camembert
100 g Edelpilzkäse
125 g Mozzarella
100 g junger Gouda

Zubereitung:

1. Blumenkohl, Broccoli, Zucchini und Möhren waschen und putzen. Den Blumenkohl und Broccoli in kleine Röschen zerteilen. Die Möhren und Zucchini in kleine Scheibchen schneiden. Im Salzwasser 5-7 Minuten kochen lassen und anschließend abseihen.

2. Die halben Paprikaschoten in Streifen schneiden und bunt mischen. Den Mais abseihen.

3. Den Backofen auf 200° C vorheizen.

4. Die Brötchen in Hälften schneiden und etwas aushöhlen. Dann die Brötchenhälften mit je einer Gemüsesorte belegen und leicht salzen und pfeffern. Anschließend nach Belieben mit verschiedenen Käsesorten belegen.

5. Die Brötchen auf einen mit Backpapier belegten Rost legen, 10 Minuten überbacken und anschließend servieren.

Vorbereitungszeit:	20 Minuten
Backzeit:	10 Minuten
Kalorien pro Stück:	400 kcal

Unser Tipp: Die Gemüse-Snacks lassen sich für Ihre Party gut vorbereiten, weil sie auch kalt bestens schmecken. Sie können die Brötchen aber auch in der Mikrowelle kurz aufwärmen.

Zutaten für 4–5 Personen

10–15 große Holunderdolden, am besten
frisch gepflückt
Frittierfett
6 Eier
150 g Mehl
150 ml Milch
3 EL Butter
Salz
Zucker

Zubereitung:

1. Das Fett in einer Fritteuse erhitzen.

2. Das Mehl in eine Schüssel sieben und unter Rühren mit dem Handrührgerät nacheinander die Eier, die Milch, die verflüssigte Butter sowie je eine Prise Salz und Zucker dazugeben.

3. Die Holunderdolden am Stängel fassen, durch den Teig ziehen und anschließend in das heiße Frittierfett geben, bis sich der Teig goldgelb färbt. Nach dem Herausnehmen sofort auf Küchenpapier legen, damit das überschüssige Fett aufgesaugt wird.

Vorbereitungszeit: 10 Minuten
Backzeit: je Dolde nur wenige
                        Minuten
Kalorien pro Portion: 400 kcal

Unser Tipp: Holunderblüten welken sehr schnell und werden dann unansehnlich. Nehmen Sie nur voll aufgeblühte, aber noch nicht verblühende Dolden, und verarbeiten Sie Ihre Ernte innerhalb von ein bis zwei Stunden.

Kapitelregister

Rezeptregister

© Genehmigte Lizenzausgabe
EDITION XXL GmbH
Reichelsheim 2001

ISBN 3-89736-013-6

Text: Ingrid Jettenberger
Fotografie: Dr. Peter Albrecht
Illustrationen: Olga Malkovskaja
Umschlaggestaltung: Eckhard Freytag
Gestaltung und Satz: Mathias Weil